MOT
진실의 순간
15초

고객 중심 경영의 12가지 원칙

얀 칼슨

MOT
진실의 순간
15초

박세연 옮김

MOMENTS
OF TRUTH

현대
지성

36년 전에 출간되었다고는 믿기지 않을 만큼 고객 중심 경영과 권한 위임의 핵심을 생생하게 보여주는 놀라운 책이다. 이 책에는 공급자 중심 경영으로 적자에 헤매던 스칸디나비아 항공의 턴어라운드 사례가 담겨 있다. 겉으로 드러난 비결은 '진실의 순간'에 집중한 고객 중심의 경영이지만 이를 가능하게 한 숨은 비결은 직원들에게 권한과 책임을 위임한 것이었다. 또한 직원들에게 권한을 위임하기 위해 경영진은 무엇을 해야 할지 직접 겪은 풍부한 사례들을 생생하게 들려준다. 감독인 경영자는 전략을 세우고 환경을 만들어줄 뿐, 결국 경기장에서 선수로 뛰는 것은 직원들이다. 특히, 정체된 시장에서 턴어라운드를 모색하는 대기업, 고객 중심으로 변화하고자 하는 기업, 직원들에게 권한을 위임해 수평적 조직을 이루고자 하는 기업의 경영자와 모든 비즈니스 리더에게 권한다.

— 신수정, KT Enterprise 부문장, 『거인의 리더십』, 『일의 격』 저자

모든 기업의 경영자는 반드시 이 책을 읽어야 한다. 이 책은 다양한 기업의 리더를 위한 책으로, 우리에게 갑작스럽게 불어닥친 새로운 세상에 대처하기 위해 조직을 완전히 새롭게 정비하는 데 많은 도움을 줄 것이다. 이 책에는 풍부한 사례와 제안이 실려 있고, 무엇보다 새로운 철학이 담겨 있다. 치열한 비즈니스 현장에서 단기간에 엄청난 성공을 이루어낸 입지전적 인물이 이 모든 이야기를 들려준다.

― 톰 피터스, 『톰 피터스 탁월한 기업의 조건』 저자

칼슨은 우리에게 새로운 시대의 경영상, 즉 전통적인 권력의 피라미드를 뒤집는 방법을 보여준다. 더불어 경영자들에게 앞에서 끄는 것은 물론 뒤에서 밀어주는 방법을 보여준다. 이 책은 우리에게 정말로 중요한 일은 진실의 순간에 벌어진다는 사실을 상기시켜준다.

― 칼 알브레히트, 『서비스 아메리카』, 『창조적 기업』 저자

이 책은 변화하는 시장에서 어떻게 대응해야 할지 이야기한다. 이 책은 기업의 역량에 관한 연구가 미국의 금융과 산업에만 국한된 것이 아니라는 사실을 말해준다. 칼슨은 경영자의 적극적인 태도의 중요성을 강조하면서 조직의 하부에서 의사를 결정하도록 허용함으로써 직원들에게 실질적인 영향을 미칠 수 있다는 사실을 역설한다.

― 로버트 크랜들, 前 아메리칸 항공 회장

CEO가 쓴 리더십에 관한 책 중에 단연 최고다!

― 존 나이스비트, 『메가트렌드』 저자

톰 피터스^{Tom Peters}

뉴욕에서 로스앤젤레스로 가
는 비행기의 좌석 패널이 뜯겨 틈이 벌어져 있다고 상상해
보자. 그 틈의 뾰족한 부분에 한 승객의 스타킹이 걸려 찢어
져버렸다. 승객은 근처에 있는 승무원에게 이 사실을 알렸
다. 하지만 기내에는 적당한 공구가 없어 좌석을 수리할 수
없었다. 도움이 필요했지만 당장 승무원이 할 수 있는 조치
라고는 사무실 어딘가에 처박힐 보고서를 제출하는 일뿐이
었다. 하지만 사무실에도 전화기와 통신 장비만 있을 뿐 공
구는 없었다. 승무원은 상부에 문제를 보고하고, 그걸로 자
신의 일이 끝났다고 생각했다. 그날 오후, 보고서는 또 다른
부서로 보내졌다. 또다시 30분 후, 이제 보고서는 기술직 직
원의 책상 위에 놓여 있다. 기술직 직원은 자신이 그 문제를
해결할 수 있을지 확신하지 못했다. 하지만 걱정할 필요는

없다. 지금 비행기는 더뷰크의 3만 1천 피트 상공을 날고 있기 때문이다. 그는 "가능할 때 수리할 것"이라는 지시 사항을 적은 종이의 한쪽 끝을 접어둔다. 언젠가는 수리가 될 것이다. 스타킹이 열 개쯤 더 찢어지고 나서.

이에 관해 이 책의 저자인 얀 칼슨은 뭐라고 말했을까? 의사소통을 가로막는 모든 장벽을 제거하라. 중간 관리자가 '지시를 내리는' 일반적인 관리자 역할에서 벗어나 고객과 시장을 위해 일하는 현장 직원의 리더이자 조력자로 변신하게 하라.

발권 담당자에서 기내 승무원에 이르기까지 항공사 직원과 승객이 만나는 첫 15초는 고객이 느끼는 항공사의 이미지 대부분을 결정한다. 그 15초가 칼슨이 말하는 '진실의 순간'이다.

얀 칼슨은 어떤 인물인가? 1986년 여름이 저물어갈 무렵, 『비즈니스 위크』는 스웨덴을 이렇게 평가했다. "10년 전에는 '최약소국'이었던 스웨덴이… 어떻게 유럽의 원동력이 되었나. 이제 그 나라는 유럽 전체의 부러움을 사고 있다." 『비즈니스 위크』에 언급된 "많은 스웨덴 기업을 승자로 만든 공격적이고 민첩한 경영 스타일"을 가장 잘 보여준 인물이 다름 아닌 스칸디나비아 항공SAS, Scandinavian Airlines System 의 전 회장 얀 칼슨이었다.

1978년, 칼슨은 36세의 나이로 스웨덴의 국내선 항공사인 리니에플뤼그Linjeflyg의 사장이 되었다. 세계에서 가장 젊은 항공사 사장이었다. 이후 칼슨은 피플 익스프레스People Express 항공사의 전략을 모방했다. 요금을 낮춤으로써 공석을 줄인 것이다. 이 전략으로 짧은 기간에 전례 없는 성공을 거두었다. 능력을 인정받아 1981년에는 스칸디나비아 항공에 사장으로 취임했다. 당시 스칸디나비아 항공은 17년 연속 흑자를 기록한 뒤, 1979년과 1980년에 걸쳐 2천만 달러의 손실을 기록하고 있었다.

하지만 스칸디나비아 항공의 직원들은 칼슨의 취임을 반기지 않았다. 그가 무리하게 비용을 절감하고 요금을 인하하리라 예상했기 때문이다. 하지만 정작 일반석 요금으로 일등석 서비스를 제공하는 '유로클래스'EuroClass를 선보였다. 이는 유럽에서 "출장이 잦은 승객을 위한 최고의 항공사"가 되기 위한 전략이었다.

얼마 지나지 않아 스칸디나비아 항공은 유럽에서 가장 시간을 잘 지키는 항공사가 되었다. 여기서 끝이 아니었다. 다른 국제선 항공사들이 전체적으로 20억 달러의 손실을 기록하고 있는 동안 스칸디나비아 항공은 일 년 만에 흑자로 돌아섰다. 1984년에 스칸디나비아 항공은 『에어 트랜스포트 월드』에서 '올해의 항공사'로 선정되었다.

이 책에 나오는 칼슨의 이야기는 변덕스러운 항공 시장을 완전히 뒤바꾼 전설이 분명하지만, 단순히 항공사에만 적용할 수 있는 이야기는 아니다. 그는 우리가 '역사적 갈림길'에 서 있다고 주장한다. 서구 세상이 오랫동안 지켜온 제품 중심의 경쟁 우위는 심각하게 허물어졌다.

칼슨의 주장에 따르면, 우리는 고객과 시장이 주도하는 세상으로 들어서고 있다. 항공에서 자동차, 반도체, 금융 서비스에 이르기까지 현명한 소비자와 새로운 경쟁자가 끊임없이 전통적인 산업에 압박을 가한다. 시장이 주도하는 변화에 대처하려면, 우리는 조직을 쇄신해야 한다. 특히 칼슨은 "변화를 위해 고객 중심의 기업을 조직해야 한다"라고 말한다. 이제 시장의 흐름과 동떨어진 관료적이고 수직적인 리더십으로는 살아남을 수 없다.

이 책은 빙레소르^{Vingresor}(패키지 상품을 판매하는 스칸디나비아 항공의 자회사로, 32세였던 칼슨이 처음으로 사장직을 맡은 회사였다)와 리니에플뤼그, 특히 스칸디나비아 항공에서 보여준 칼슨의 활약을 설명하는 교훈적인 이야기와 실용적인 조언으로 가득하다. 빙레소르 시절, 칼슨은 직원은 물론이고 고객의 말에도 귀를 기울이지 않는 독불장군으로 지내며 수많은 실수를 저질렀다고 이 책에서 밝히고 있다. 그 후, 리니에플뤼그로 자리를 옮기기 전까지 4년 동안 빙레소르에서 많은 교훈을 얻었다. 실제로 리니에플뤼그에서 두 번째 임기를 시작하면서 정규직 직원들을 격납고에 모아놓고 겸손하게 도움을 요청했다. 불과 4년 전에 고압적으로 명령을 내리던 모습과는 완전히 딴판이었다.

칼슨은 위기의 순간에 스칸디나비아 항공에 합류했다. 그는 서비스와 그 서비스를 제공하는 현장 직원이 성공의 방아쇠라고 믿었다. 조직의 초점을 물리적 자산인 항공기에서 고객으로 옮겼다. 대형 에어버스(국내선이나 근거리 국제선을 위한 중단거리용 대형 수송기)와 첨단 보잉 747 항공기를 포기하고, 오래되고 연비가 낮지만 출장 고객을 공략하기 위한 유연성을 갖춘 맥도널 더글러스 DC-9 기종에 주력하여 기술 관료들을 놀라게 했다.

새롭게 활력을 얻은 칼슨의 팀은 적자가 이어지는 상황에서도 비용 5천만 달러를 들여 147개 서비스를 개선하는 프로젝트를 실시했다. 또한 칼슨은 자신이 세운 목표에 기여하지 않는 모든 비용을 최대한 삭감했다. 그 일환으로, 40명으로 이루어진 중앙 시장조사 부서를 해체하고, 최종 소비자와 더 가까이 있는 조직을 기반으로 지역 차원에서 시장 데이터를 수집하도록 했다.

칼슨은 현장 직원들에게 '그들이 제공하고 싶었던 서비스를 마음껏 제공하도록' 지시했다. 유니폼을 멋지게 바꾸고, 현장에 자율권을 보장하고, 직원들이 "아니요"라고 대답하지 않도록 교육했다. 현장 직원들은 유로클래스를 이용하는 비즈니스 승객을 위한 별도의 체크인 절차가 필요하다고 느꼈다. 하지만 모든 전문가가 반대했다. 스웨덴 특유의 평등주의 철학을 감안할 때, 규제 당국이 허가할 리 만무했다. 그러나 칼슨은 전문가들의 의견에 개의치 않고 결국 당국의 승인을 받아냈다.

현장 직원에게 권한을 부여하는 것이 중요한 만큼 리더십 역시 중요하다. 칼슨이 실무로 입증한 리더십 공식은 말 그대로 전통에 위배되는 것이었다. 그는 당시 막 떠오르던 전문 경영인 체제를 비판했다. 대신, 직관과 감정, 쇼맨십을 강조했다. 그의 주장에 따르면, 분석에 치중하는 사람들은 보통 "형편없는 의사 결정자이자 사업가"였다. 분석을 기반으로 하는 전문 경영인은 의사 결정을 피하기 위해 말도 안 되는 대안을 생각해낸다. 칼슨이 이끄는 스칸디나비아 항공은 "전반적인 비즈니스 전략은 분석하지만, 개별 전략은 분석하지 않는다".

새로운 리더의 무기는 영혼을 담은 간결하고 명백한 비전과 노련한 의사소통 기술이다. 여기에 연약하고 애매모호한 것은 없다. 칼슨은 자신을 포함한 새로운 경영자를 "계몽된 독재자"라고 불렀다.

구체적인 실무가 아니라 비전에 집중하는 것이 중요하다. 그는 목표가 높을 때 직원들이 잠재력을 발휘한다고 믿었다. 엄격하고 정확한 평가 역시 중요하다. 고객 서비스를 중시하고 부서 간 경쟁을 촉발하기 위한 목표는 비즈니스를 앞으로 나아가게 만든다.

이것으로도 이미 많은 것을 알 수 있지만, 최고의 이야기가 아직 남아 있다. 1981년부터 1984년까지 스칸디나비아 항공은 예상보다 훨씬 빠르게 도약했다. 그러나 이후에는 활력을 잃기 시작했다. 동력이 소진된 스칸디나비아 항공은 1년간 실시한 자체 조사 끝에, 마침내 이른바 '두 번째 물결'을 계획했다. 앞으로 규제가 완화될 유럽 항공 시장에 적극적으로 대비하고자 효율성을 개선하려는 야심찬 프로그램이었다.

목표도 중요했지만, 더 중요한 것은 목표를 달성하기 위한 과정이었다. 이 생각은 미국에서 시도된 수많은 혁신 전략이 왜 실패로 끝나고 말았는지를 설명하는 데 특별한 통찰을 제공했다. 칼슨은 현장 직원들에게 새로운 활력을 불어넣기 위해 처음부터 '강력한' 시스템이 필요하다고 생각했다. 그들은 스칸디나비아 항공의 영웅이었다. 최고의 서비스를 제공하는 과정에서 어떤 것도 그들을 방해할 수 없었다. 만약 중간 관리자가 서비스에 이의를 제기하면, 현장 직원들은 곧바로 경영진에게 연락할 수 있었다.

확실히 이 방법은 효과가 있었다. 그러나 칼슨은 지속적인 활력을 위한 기반을 형성하는 데는 실패했다고 말했다. 중간 관리자들 역시 적극적으로 고객 서비스를 실행하도록 독려해야 했다. 칼슨은 초기에 중간 관리자를 건너뛰게 만든 방식이 "위에서 내려온 지시를 해석하고 전달하던 방안"을 포함하지 못했다는 점을 인정했다. 그는 이렇게 말했다. "중간 관리자들의 기를 죽였죠."

전례 없는 효율성을 달성하기 위한 두 번째 물결에서도 그는 항공기를 파는 쉬운 방법에 주목하지 않았다. 효율성은 전적으로 사람의 문제였다. "역할 분배를 근본적으로 바꿔야 했다." 다시 말해 그는 피라미드를 완전히 평평하게 만들어야 했다.

칼슨은 두 번째 기적을 만들어냈을까? 아직은 모른다. 하지만 그의 처방은 적중했다. 우리를 집어삼키는 경제 혁명 속에서 은행이든 제조업이든 일반적인 미국 기업은 물리적 자산에 먼저 주목했고, 사람과 조직은 그다음이었다. 비록 종종 외면당하는 의견이긴 하지만, 현명한 이들은 이것이 치명적인 선택이라고 경고한다. 자동화 시스템을 들인다고 의욕 없는 근로자들이 일하는 공장을 되살릴 수는 없다. 더 큰 컴퓨터를 도입한다고 획기적인 신상품이 매일같이 쏟

아지는 변덕스러운 금융 시장에서 은행을 구할 수 없다.

칼슨이 주장하는 것처럼, 이제 기업은 말 그대로 조직을 뒤집어엎어야 한다. 우리는 변화에 맞서기보다 적극적으로 변화를 받아들이고, 위험을 멀리하기보다 감수하고, 현장 직원들의 사기를 꺾는 대신 그들에게 권한을 부여하고, 내부에 거대한 제국을 건설하기보다 빠르게 변화하는 외부 시장에 주목해야 한다. 여기서 칼슨은 중간 관리자에 대한 뛰어난 분석을 보여준다. 중간 관리자는 혁신 과정에서 종종 외면당하는 존재다. 그런 탓에 야심차게 설계된 프로그램의 속도를 늦추는 장애물이 되어버린다. 칼슨은 비전을 제시하는 새로운 리더의 역할을 강조한다. 리더에게 비전과 신뢰도 중요하지만, 충성심과 엄격한 기준, 고객 중심적인 마음가짐 또한 필요하다고 말한다.

칼슨처럼 미국 항공 산업을 이끌어가는 업계 종사자는 물론 모든 기업의 경영자는 반드시 이 책을 읽어야 한다. 최근 각광받았던 피플 익스프레스는 저렴한 요금에도 불구하고 경쟁력 없는 서비스로 결국 추락했다. 인수 합병과 규제 완화에 관한 지나치게 조급한 반응은 결국 비즈니스 승객들에게 제공하는 서비스 품질을 떨어뜨렸고, 위태로웠던 많은 항공사가 적자에 허덕이게 되었다. 주요 항공사 중 대규모 합병을 피한 유일한 항공사인 아메리칸 항공만이 활력을 유지하고 있다. 아메리칸 항공은 여전히 최고의 서비스를 유지하고 있으며, 정보를 전략적으로 활용하면서 새로운 서비스 산업 영역을 개척하고 있다. 반면에 델타 항공은 무리한 확장으로 서비스 품질의 최소 기준도 유지하지 못해 단골 승객들마저 등을 돌렸다. 미국 항공사들이 칼슨의 전략을 따랐다면 막대한 손실과 심각한 고통을 피할 수 있었을 것이다.

이 책은 미국의 항공 산업 경영자와 은행가는 물론, 섬유 및 기계 등 다양한 기업의 리더를 위한 책이다. 더불어 우리에게 갑작스럽게 불어닥친 새로운 세상에 대처하기 위해 조직을 완전히 새롭게 정비하는 데 많은 도움을 줄 것이다. 이 책에는 다양한 사례와 제안이 실려 있고, 무엇보다 새로운 철학이 담겨 있다. 이 모든 것은 치열한 현장에서 짧은 기간 안에 엄청난 변화를 성공적으로 이끌어낸 입지전적인 인물이 들려주는 이야기다.

차례

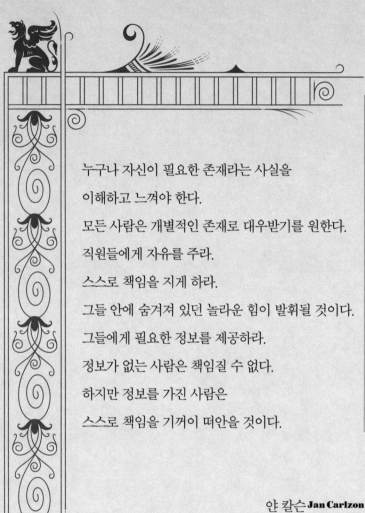

누구나 자신이 필요한 존재라는 사실을
이해하고 느껴야 한다.
모든 사람은 개별적인 존재로 대우받기를 원한다.
직원들에게 자유를 주라.
스스로 책임을 지게 하라.
그들 안에 숨겨져 있던 놀라운 힘이 발휘될 것이다.
그들에게 필요한 정보를 제공하라.
정보가 없는 사람은 책임질 수 없다.
하지만 정보를 가진 사람은
스스로 책임을 기꺼이 떠안을 것이다.

얀 칼슨 Jan Carlzon

1장

고객을 감동시키는 '15초'

작년에만 1천만 명의 승객이 대략 다섯 명의 스칸디나비아 직원과 접촉했다. 접촉 시간은 평균 15초였다. 한 번에 15초씩, 1년에 5천만 번이나 고객의 머릿속에 스칸디나비아 항공이 새롭게 '창조되는' 셈이다. 이 5천만 번의 '진실의 순간'이 스칸디나비아 항공의 성패를 좌우한다. 이는 스칸디나비아 항공이 고객에게 최고의 선택임을 증명해야 하는 순간이기도 하다.

　　　　　　　　　　　　　　미국 사업가인 루디 피터슨
은 스웨덴 스톡홀름에 위치한 그랜드호텔에 묵고 있었다.
어느 날 그는 호텔을 떠나 스톡홀름 북쪽에 있는 알란다 국
제공항으로 향했다. 스칸디나비아 항공으로 동료와 함께 코
펜하겐에 갈 계획이었다. 당일치기 여행이었지만 무척 중요
한 일정이었다.

　그런데 공항에 도착했을 때, 피터슨은 비행기 표를 호텔
에 두고 왔다는 사실을 깨달았다. 외투를 입으려고 탁자 위
에 올려두었다가 그만 깜빡한 것이다.

　탑승권도 없이 비행기를 탈 수는 없었다. 피터슨은 이미
체념한 상태였다. 코펜하겐에서 예정된 회의에도 참석하지
못할 터였다. 하지만 수속 담당자에게 상황을 설명하자 깜짝
놀랄 만한 대답이 돌아왔다. 담당자는 웃으며 이렇게 말했다.

"피터슨 씨, 걱정하지 마세요. 임시 탑승권으로 수속해 드릴게요. 그랜드호텔 방 번호와 코펜하겐 목적지를 말씀해 주시면 나머지는 제가 처리하겠습니다."

피터슨이 동료와 함께 라운지에서 기다리는 동안 담당 자는 호텔에 전화를 걸었다. 호텔 직원이 곧 방을 확인해 탑 승권을 찾아냈다. 탑승권은 그가 말한 바로 그 자리에 있었 다. 그녀는 호텔로 스칸디나비아 항공 리무진을 보내 탑승 권을 가져왔다. 모든 일이 대단히 신속하게 이루어졌고, 피 터슨은 비행기가 출발하기 전에 탑승권을 받을 수 있었다. 승무원이 다가와서 차분한 목소리로 "피터슨 씨? 탑승권 여 기 있습니다"라고 말했을 때 루디 피터슨은 깜짝 놀랐다.

다른 항공사였다면 어땠을까? 대부분의 항공사 매뉴얼 에는 이렇게 써 있다. "탑승권이 없으면 비행기를 탈 수 없 습니다." 수속 담당자는 상사에게 문제를 보고하겠지만, 피 터슨은 결국 비행기를 타지 못했을 것이다. 그러나 스칸디 나비아 항공은 문제를 해결했고, 피터슨은 회의에 참석할 수 있었다.

나는 루디 피터슨의 이야기에 대단한 자부심을 느낀다. 이 사례는 우리가 스칸디나비아 항공에서 무엇을 성취했는 지를 잘 보여준다. 우리는 고객 중심 기업으로 거듭났다. 다 시 말해, 고객 만족이 최고의 자산이라는 사실을 깨달은 기업으로 새롭게 태어났다. 고객은 누구나 존중받기를 원한다. 고객이 우리를 택한 것은 우리가 그들을 소중하게 대우했기 때문이다.

우리는 스칸디나비아 항공을 항공기와 유지 보수 센터, 사무실, 관리 시스템의 총합으로 바라본다. 하지만 고객에게 스칸디나비아 항공에 대해 물어본다면, 그들은 항공기나 사무실 혹은 자본을 이야기하기보다는 스칸디나비아 항공에서 일하는 직원과의 경험을 말할 것이다. 그들에게 스칸디나비아 항공이란 물질적인 자산의 합계가 아니라, 고객과 현장 직원 사이에 일어나는 상호 작용의 합계다.

작년에만 1천만 명의 승객이 대략 다섯 명의 스칸디나비아 직원과 접촉했다. 접촉 시간은 평균 15초였다. 한 번에 15초씩, 1년에 5천만 번이나 고객의 머릿속에 스칸디나비아 항공이 새롭게 '창조되는' 셈이다. 이 5천만 번의 '진실의 순간'이 스칸디나비아 항공의 성패를 좌우한다. 이는 스칸디나비아 항공이 고객에게 최고의 선택임을 증명해야 하는 순간이기도 하다.

고객의 요구에 주목하는 기업이 되려면 현장과 동떨어진 본사에서 만든 규약이나 지시에 의존해서는 안 된다. 우리는 15초 안에 스칸디나비아 항공을 대변하는 직원, 즉 수속 담당자, 승무원, 수하물 관리자를 비롯한 모든 현장 직원에게 아이디어와 의사 결정, 행동에 관한 권한을 부여해야 한다. 직원들이 문제가 발생할 때마다 의사 결정을 위해 조직의 보고 체계를 거슬러 올라가야 한다면, 15초라는 황금 같은 순간은 사라지고 말 것이다. 그러면 우리도 충성 고객을 얻을 황금 같은 기회를 놓친다.

이런 접근 방식은 기존 질서를 완전히 뒤집어엎는다. 그래도 나는 이것이 필요하다고 믿는다. 전통적인 조직 구조는 피라미드를 닮았다. 기존 조직은 뾰족한 상부, 여러 계층의 중간부, 시장과 직접 연결된 하부로 이루어져 있다. 상부에는 최고 경영자와 뛰어난 임원들이 있다. 이들은 재무와 생산, 수출, 판매 분야에서 경험을 쌓고 직무 교육을 받은 전문가다. 경영진은 경영에 필요한 의사 결정을 내려 조직을 관리한다.

경영진은 수많은 결정을 내린다. 따라서 그 결정을 조직 전체에 전달할 중간 관리자가 필요하다. 중간 관리자는 경영진의 의사 결정을 부하 직원에게 지시나 명령의 형태로 전달한다. 비록 '중간 관리자'라고 불리기는 하지만, '관리자'가 스스로 책임을 지고 의사 결정을 내리는 사람이라고 할 때, 이들이 사실 진정한 의미의 관리자는 아니다. 실제로 그들은 피라미드 상부에서 내놓은 의사 결정을 전달하는 사람에 불과하다.

피라미드 맨 밑에는 노동직 및 사무직 근로자가 있다. 이들은 매일 고객을 상대하고 기업의 활동 내용도 가장 많이 알고 있다. 그러나 역설적이게도 끊임없이 일어나는 문제에 대처할 수 있는 권한은 없다.

요즘은 기업들이 활동하는 비즈니스 환경이 점차 바뀌고 있다. 오늘날 세계 경제에서 서구 국가들은 더 이상 전통적인 경쟁 우위만으로 앞서 나가지 못한다. 예전 유럽과 북미 국가들은 제품 중심의 경쟁 우위를 바탕으로 지역 시장에서 독점적으로 제품을 생산하고 판매했다. 하지만 이제 제3세계에서도 얼마든지 값싼 원자재와 노동력, 첨단 기술을 찾아볼 수 있다. 오늘날 텍사스에서 도살된 황소 가죽이 아르헨티나에서 가공되고, 이후 한국에서 야구 글러브로 만들어진다. 마지막으로 완성된 야구 글러브는 세계를 한 바퀴 돌아 다시 텍사스 스포츠 매장에서 판매된다.

제품 중심의 경쟁 우위만으로 살아남기가 힘들어지면서 서구 경제는 이제 '서비스' 경제로 넘어가고 있다. 지금 우리는 고객 중심의 시대가 열리는 역사적 갈림길에 서 있다. 이전에는 한 번도 스스로 서비스 기업이라고 생각해본 적이 없던 기업이라도 상황은 마찬가지다.

예를 들어, 용접 설비를 생산하는 한 스웨덴 기업은 질 좋은 제품으로 유럽 시장을 오랫동안 독점해왔다. 그런데 갑자기 시장 점유율이 절반 가까이 떨어졌다. 한 유럽 경쟁 업체가 덜 정교한 장비를 절반 가격에 판매하면서 고객의 관심을 끌고 있었다. 그 기업은 제품 중심 정책에 따라 자체적으로 가격을 결정해왔다. 하지만 오늘날 비즈니스의 출발점은 생산 설비나 기술이 아니라 고객이 되어야 한다. 이 말은 기업이 살아남기 위해서는 조직 구조를 재편해야 한다는 뜻이다.

고객 중심 기업에서는 역할을 분배하는 방식이 완전히 달라야 한다. 조직 구조를 바꾸고 책임을 분산해서 이제까지 지시에만 따라왔던 피라미드 하부층에게 권한을 부여해야 한다. 다시 말해, 수직적인 구조 대신 수평적인 구조를 택해야 한다. 제품이 아니라 고객을 기반으로 비즈니스를 시작하는 서비스 기업은 더욱 그래야 한다.

고객 중심 기업으로 거듭나기 위해서는 현장 직원의 업무에 광범위한 변화가 일어나야 한다. 그리고 이러한 변화의 시작은 반드시 경영진이어야 한다. 직원들이 책임을 받아들이고 강점을 발휘해 권한을 행사할 수 있는 환경을 만드는 데 힘쓰는 리더가 되어야 한다. 경영자는 직원과 소통하고, 회사의 비전을 전하고, 그 비전을 구현하기 위해 직원들이 무엇을 필요로 하는지 들어야 한다. 직원들과 고립된 채 권위적인 의사 결정자로 남아 있어서는 곤란하다. 대신에 비전을 제시하는 전략가, 정보 제공자, 교사 그리고 영감을 불어넣는 리더가 되어야 한다.

경영자는 문제를 분석하고, 자원을 관리하며, 무엇보다도 현장 직원들의 요구를 충족시킬 책임을 중간 관리자에게 부여해야 한다. 책임 있는 관리자 역할을 기꺼이 받아들이려는 '새로운 세대'의 인재들은 얼마든지 있다. 심지어 이들은 유능한 데다 높은 수준의 교육도 받았다. 우리는 현대 비즈니스에서 이 새로운 세대의 관리자에게 적극적인 역할과 실질적인 책임을 부여하고 존중하고 신뢰하는 마음을 보여주어야 한다.

현장 직원에게는 고객의 요구와 문제에 대처할 수 있는 권한을 부여해야 한다. 루디 피터슨의 탑승권을 가져오도록 했던 직원의 사례처럼, 현장 직원을 올바르게 교육해 고객의 요구를 친절한 태도로 신속하게 처리할 수 있는 역량을 길러주어야 한다.

이렇게 책임을 분배함으로써 기업은 '진실의 순간'을 손에 넣을 수 있다. 또한 고객의 만족감을 높이고, 이를 통해 경쟁 우위를 확보할 수 있다.

당신은 아마도 이런 궁금증이 들 것이다. 어떻게 작은 북유럽 국가의 경영자가 기업 운영을 주제로 가르침을 줄 수 있을까? 나는 가르침을 줄 수 있다고 생각한다. 여기서 설명하는 비즈니스 환경의 변화가 스칸디나비아 지역에서 좀 더 빨리 시작되었기 때문이다. 이전과는 다르게 사회적으로나 경제적으로나 다른 나라 기업들의 수준이 높아지면서 스칸디나비아 지역 경영자들은 그들 자신과 조직에 대해 새롭게 생각하고 적응해야 했다. 나는 우리가 일반적으로 스칸디나비아, 특히 스칸디나비아 항공에서 활용했던 접근 방식이 미국을 비롯한 다른 산업 국가의 경영자에게 유용한 사례가 될 수 있다고 확신한다.

MOMENTS
OF TRUTH

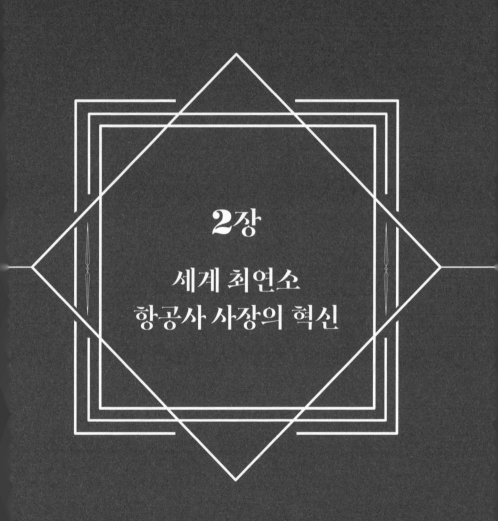

2장

세계 최연소
항공사 사장의 혁신

어떤 이는 내가 마케팅 상술로 성공했다고 말할 것이다. 하지만 나는 세 기업의 문제를 해결하기 위해 늘 똑같은 전략을 사용하지는 않았다. 대신에 각 기업이 시장의 요구에 부응할 수 있도록 방향을 전환했다. 그 과정에서 나는 내 스스로 세운 원칙보다 고객을 직접 만나는 현장 직원들에게 더 많이 의존해야 한다는 사실을 배웠다. 관리자가 아닌 진정한 리더가 되는 법을 배웠을 때, 나는 비로소 시장 중심의 새로운 기회와 직원들의 창조적 에너지에 한발 더 다가섰다.

1974년 6월, 나는 32세에 빙레소르Vingresor 사장이 되었다. 스칸디나비아 항공의 자회사인 빙레소르는 패키지여행 상품을 기획하고 판매하는 기업이다. 나는 비즈니스에 발을 들인 지 6년 만에 사장 자리에 올랐다. 당시 1천 4백 명의 직원이 있었는데, 나와 나이가 비슷한 사람도 많았다. 나는 그들보다 뛰어나지도 않았고, 사장 자리에 올라야 할 명백한 근거도 없었다. 직원들이 나를 인정하지 않을까 봐, 그래서 실패할까 봐 두려웠다.

나는 두려움을 감추고 사장으로서 마땅히 해야 할 바를 실행에 옮겼다. 넥타이를 고쳐 매고는 임원들을 불러들였다. 그들은 차례로 내 집무실에 들어왔고, 나는 그들에게 지시를 내렸다.

"시간표를 변경하세요!"

"그 호텔과 계약하세요!"

회의 때마다 나는 명령을 내렸다.

"지금 당장 처리하세요!"

"이렇게 합시다!"

"내 생각은 이렇습니다!"

주목받는 자리에 처음 오르는 사람은 대부분 이렇게 행동할 것이다. 나는 주어진 역할을 수행하기 위해 지금까지와는 다르게 행동하기 시작했다. 나는 빙레소르에 있는 모든 사람이 내가 그들보다 일을 더 잘 처리하리라 기대하고 있으며, 내가 모든 의사 결정을 내려야 한다고 믿었다.

나는 기대에 부응하기 위해 최선을 다했다. 사람들은 점점 더 자주 내 의견을 물었다. 나는 모든 문제에 해답을 내놓았다. 마치 사장의 자리에 오르면서 지혜도 함께 얻은 것처럼 행동했다. 지식과 경험, 정보가 많지 않음에도 수많은 의사 결정을 혼자 내렸다.

언젠가부터 사람들은 나를 "에고 보이"Ego Boy라고 부르기 시작했다. 당시 유명한 경주마 이름에서 따온 별명이었다. 내 경영 스타일에 꼭 어울리는 별명이기도 했다. 나는 뭔가 잘못되어가고 있다는 사실을 알았지만, 다른 방식을 알지 못했다. 그러던 어느 날 크리스테르 산달이 내 집무실을 찾아왔다. 그는 나의 경영 방식 때문에 갑작스럽게 '강등된'

사람이었다.

그는 내게 물었다. "대체 뭘 하고 있는 겁니까? 당신이 왜 사장이 되었다고 생각하세요? 자신이 아닌 다른 누군가가 되기 위해서? 아닙니다. 당신이 사장이 된 것은 당신의 원래 모습 때문이에요!"

그날 크리스테르가 보여준 용기와 솔직함 덕분에, 나는 사장 역할을 수행하기 위해 굳이 나를 바꾸지 않아도 된다는 사실을 깨달았다. 조직은 내게 모든 결정을 혼자 내리라고 요구하지 않았다. 다만 일을 더 잘할 수 있는 분위기를 만드는 데 힘쓰기를 바랐다. 나는 크리스테르와 나눈 대화 덕분에 꼭대기에서 끊임없이 지시를 내리는 전통적인 경영자와, 큰 그림을 마음에 품고 활력 있는 분위기를 조성하는 새로운 리더의 차이를 이해하게 되었다. 그리고 내 본연의 모습을 유지하면서 새롭고 당당하게 업무에 임해야 한다는 확신을 갖게 되었다.

내가 빙레소르를 이끌게 되었을 때 조직은 어려움을 겪고 있었다. 1973-74년에 석유 파동으로 항공료가 크게 오르면서 사람들은 점점 비행기 여행을 멀리하게 되었다. 그때 우리 경영진에게 빙레소르의 수익을 다시 한번 끌어올려 달라는 과제가 주어졌다.

우리에게는 선택지가 많지 않았다. 빙레소르 같은 여행

사의 주요 업무는 항공사 및 호텔과 계약을 맺고, 리조트에서 서비스 센터를 운영하면서 여행을 비롯한 다양한 활동을 개발하고, 그것을 패키지 상품으로 묶어 고객에게 판매하는 것이었다. 여행사의 수익은 비용에 크게 좌우되었다. 패키지를 구성하는 요소에 비용이 많이 들수록 수익이 떨어져 적자 위험이 높았다. 반대로 비용이 적게 들수록 위험은 낮아졌다.

제조업 경영자는 시장이 침체기에 접어들면 서비스 수준을 낮춘다. 이런 방식은 매출 감소를 비롯한 심각한 문제로 이어질 수 있다. 그래서 우리는 서비스와 관련 없는 비용만 줄이기로 결정했다. 당시 빙레소르의 고객은 21만 명이었는데, 그중 4만 명은 수익에 도움이 되지 않는 특가 상품을 구매했다. 우리는 그 상품의 판매를 중단하기로 결정했다. 이에 따라 고객이 17만 명으로 줄었지만 수익성은 오히려 개선되었다.

비용을 급속도로 삭감하지는 않았다. 대신 조직을 재편해 유연하게 만들고, 시장이 회복될 때를 대비해 더 많은 고객을 받아들일 준비를 했다. 마침내 시장이 회복되었다! 우리는 유연한 조직 덕분에 새로운 고객의 수요를 쉽게 받아들였고, 수익을 끌어올려 위기에서 빠져나왔다. 내가 사장으로 취임했던 첫해에 빙레소르는 역사상 최고 수익을 기록했다.

빙레소르 사장으로 취임한 뒤 4년이 흐른 1978년, 나는 스칸디나비아 항공 계열사이자 스웨덴 국내선 항공사인 리니에플뤼그Linjeflyg의 사장 자리를 제안받았다. 나는 리니에플뤼그 이사회 회장인 닐스 호리엘의 제안에 귀를 기울이기는 했지만 그 제안을 받아들일 생각이 없었다. 며칠 후 호리엘에게 거절의 뜻을 전했다.

그 이유를 정확하게 밝히지는 않았지만, 내가 보기에 리니에플뤼그는 모호한 상황에 처해 있었다. 리니에플뤼그는 주로 아침에 스톡홀름으로 날아갔다가 저녁에 다시 돌아오는 비즈니스 승객을 대상으로 국내선을 운항했다. 스웨덴 당국은 지역에 상관없이 항공료를 동일하게 책정하는 정책을 펼치고 있었다. 따라서 국내선 항공사들은 어떤 항공기가 효율성이 가장 높은지를 기준으로 의사 결정을 내렸다. 내가 보기에 할인 요금으로 공석을 메우는 전략을 추구하는 리니에플뤼그는 특별한 것이 없는 기업이었다.

호리엘 회장은 차분한 표정으로 내 이야기를 들었다. 그러고는 이렇게 말했다. "알겠습니다. 한번 생각해봅시다." 그러나 그는 포기하지 않았다. 얼마 후 나는 그가 세계 최고의 수비벽을 뚫어낸 영민함과 끈기를 지닌 왕년의 유럽 핸드볼 스타였다는 사실을 알게 되었다. 그는 쿠르트 니콜린이라는 인물을 내세웠다. 이사회 일원이자 스웨덴 산업계의 유명 인사인 쿠르트는 내게 전화를 걸어 리니에플뤼그와 관련해 이야기를 나누고 싶다는 말을 전했다. 나는 여전히 거절 의 사를 밝혔다. 그것도 두 번씩이나. 하지만 결국 그는 내 집 무실로 찾아왔다.

쿠르트는 조금 다른 전략을 취했다. 호리엘은 리니에플 뤼그가 건재함을 강조하면서 내가 사장으로 와도 아무런 걱 정이 없을 것이라고 설명했다. 반면 쿠르트는 그런 접근이 소용없다는 사실을 간파하고 리니에플뤼그에 대한 전혀 다 른 그림을 보여주었다. "사실 상황이 무척 심각합니다." 리 니에플뤼그는 손실을 기록하고 있었고, 상황을 뒤바꿀 전략 을 절실하게 찾고 있었다. "기업을 살리기 위해 당신이 필요 합니다. 당신만 할 수 있어요." 그러고는 내가 외면할 수 없 는 제안을 덧붙였다. 그 자리가 경영자로서 내 능력을 입증 할 수 있는 완벽한 도전의 기회가 될 것이라는 사실이었다. 쿠르트의 전략은 적중했다. 나는 결국 제안을 수락해 36세 에 세계에서 가장 젊은 항공사 사장이 되었다.

리니에플뤼그에 온 후 나의 첫 공식 행보는 시간이 한 참 흐른 뒤에 효과를 드러냈다. 출근 첫날, 나는 모든 임직 원에게 오전 11시까지 리니에플뤼그 격납고로 모이라고 지 시했다. 많은 이가 몇 시간이나 떨어진 곳에서 와야 했다.

나는 4미터 50센티미터나 되는 높은 사다리에 올라서서 연설을 시작했다.

나는 단도직입적으로 뜻을 밝혔다. "회사 상황이 좋지 않습니다. 적자를 기록하고 있고 여러 가지 문제로 어려움을 겪고 있습니다. 신임 사장으로서 저는 리니에플뤼그에 관해 잘 알지 못합니다. 저 혼자서는 회사를 살릴 수 없습니다. 리니에플뤼그가 살아남을 수 있는 유일한 길은 여러분이 저를 도와주는 것입니다. 각자 자신의 책임을 다하고 아이디어와 경험을 공유함으로써 더 많은 일을 함께 해나가야 합니다. 저는 몇 가지 아이디어를 실천해볼 생각입니다. 하지만 더 중요한 것은 여러분이 저를 도와주어야 한다는 사실입니다."

나는 내 연설이 사람들에게 강한 인상을 주었다는 사실을 즉각 느낄 수 있었다. 사람들은 새로운 마음가짐으로 그 자리를 떠났다. 그들은 내가 도움을 요청하리라고 생각하지 못했을 것이다. 나중에 많은 직원이 내게 이런 말을 했다. "사장님께서 앞으로 자신이 할 일에 대해 말씀하실 거라고 생각했습니다. 하지만 분위기를 완전히 바꾸어놓으셨죠!"

그날의 경험으로 나는 아무도 내게 명령을 바라지 않는다는 사실을 다시 확인했다. 리니에플뤼그 직원들은 그들의 '사장'이 자신들에게 기업의 미래를 위해 적극적으로 참여해줄 것을 부탁했다는 사실에 대단히 기뻐했다.

내가 취임하기 전에 리니에플뤼그에서 가장 빈번하게 논의된 사안은 여성 승무원의 유니폼이었다. 기업이 전년도에 3백만 달러의 손실을 기록하고, 좌석 이용률은 50퍼센트에 불과하며, 일일 비행시간은 4.8시간(국제 평균은 7시간)에 지나지 않은 상황에서 말이다. 나는 이런 모습이 전사적으로 일관된 전략이 없는 기업에서 나타나는 전형적인 증상이라고 판단했다.

리니에플뤼그는 전형적인 제품 중심적 기업이었다. 승객의 95퍼센트는 비즈니스 여행객으로, 그들은 항공사가 부과한 요금이 얼마든 그대로 지불했다. 사실 이 요금은 시장의 수요와 공급에 따른 것이 아니라 항공사가 비용을 고려해 일방적으로 정한 가격이었다. 비용은 보유한 항공기 수로 결정되었다. 리니에플뤼그는 스웨덴의 모든 대도시에 오전 9시가 되기 전 스톡홀름으로 출발하는 항공편이 있어야 한다는 회사 내부 규정 때문에 항공기 보유 수가 늘어났다. 이에 따라 비용과 요금도 전반적으로 상향 평준화되어 있었다.

게다가 리니에플뤼그는 경영 목표에서도 문제를 드러냈다. 경영진은 먼 지역에서도 스톡홀름까지 편리하고 경제적으로 접근할 수 있도록 '스웨덴 대표 항공사'가 되겠다는 정책적 목표를 공유하고 있었다. 그래서 장거리 요금도 단거리 요금보다 약간 높은 수준으로 유지했다. 스웨덴 북부 지역 승객에게는 반가운 소식이었지만 리니에플뤼그에게는 그렇지 못했다. 당시 나의 첫 번째 과제는 흑자 전환이었다. 여기서 아무것도 하지 않으면 기업은 결국 파산을 면치 못할 터였다.

우리 경영진이 처음으로 내린 결론은 항공기를 쉬게 해서는 돈을 벌 수 없다는 것이었다. 좌석 이용률을 높여야 했다. 그러려면 더 많은 승객을 끌어모아야 했다. 비즈니스 여행 시장은 이미 포화 상태여서 기차나 자동차를 이용하던 비즈니스 승객이 비행기를 이용하도록 만들어야 했는데, 가장 좋은 방법은 운항 횟수를 기차만큼 늘리는 것이었다.

요금을 자비로 부담하는 일반 승객은 기차나 자동차를 이용하거나 아예 집 밖으로 나오기를 포기했다. 어떻게 하면 그들이 비행기를 타도록 유도할 수 있을까? 가장 효과적인 방법은 당연히 요금 인하였다.

나는 이렇게 제안했다. "좌석 이용률이 낮은 항공편의 요금을 절반으로 낮춥시다." 그러자 한 미국인 고문이 그 전략을 시도했다가 파산 직전에 몰렸던 몇몇 미국 항공사 사례를 들면서 반대했다. 다행스럽게도 경영진은 그의 의견에 주목하지 않았다.

우리는 리니에플뤼그를 제품 중심 기업에서 고객 중심 기업으로 전환하기 위해 네 가지 핵심 비즈니스 전략을 수립했다. 고정 자산의 활용도를 높이는 방안(즉, 항공기의 일일 운항 시간을 늘리는 것)은 네 가지 핵심 전략 중 하나였다. 두 번째도 역시 중요한 전략이었는데 리니에플뤼그를 서비스의 차원에서 '세계 최고의 항공사'로 만드는 일이었다. 리니에플뤼그에게 좋은 서비스란 고급 스테이크와 와인을 제공하는 것이 아니라 편리한 일정표와 많은 항공편, 저렴한 요금을 의미했다.

1978년에 스웨덴에서 '세계 최고의 항공사'가 되겠다는 포부가 얼마나 건방진 주장처럼 들릴 수 있었는지를 설명하기란 쉽지 않다. 스웨덴 사람들은 원래 호들갑스럽지 않다. 역사적으로 그들은 자신의 존재를 드러내기 싫어했다. 또한 공공연한 칭찬이나 비판도 달갑게 여기지 않았다. 그러한 사회적 분위기 속에서 '세계 최고의 항공사'가 되겠다는 우리의 외침은 중용이라는 사회적 통념을 깨뜨리는 것이었다. 이러한 점에서 우리의 주장이 사회 전반과 우리 직원들에게 미친 영향은 결코 적지 않았다.

그 밖에 두 전략은 외부에서 보기에 그리 두드러지진 않았지만, 리니에플뤼그를 고객 중심의 기업으로 전환하는 데 역시 중요하고 필요한 일이었다. 우리는 더 많은 사람에게 책임을 분산시키고 자원을 유연하게 관리함으로써 수익성을 개선하기로 결정했다.

우리는 새로운 조직 구조를 하트 모양으로 바꿨다. 하트의 한쪽 절반에서는 수익을 창출하고 다른 절반에서는 비용을 지출했다. 마케팅 부서는 리니에플뤼그가 무엇을 생산하고 판매해야 하는지를 시장으로부터 직접 들었다. 그런 다음 무엇을 생산해야 할지 운영 부서에 전해주었다. 바로 이러한 방식으로 우리는 기존의 조직 구조를 완전히 뒤집었다. 예전에는 고객이 원하는 탑승 일정과는 무관하게 엔지니어가 항공기 운항 일정을 결정했다. 그러나 새로운 조직 구조에서는 엔지니어의 제안대로 서비스를 줄이는 대신 고객이 원하는 대로 매출을 높임으로써 재정적인 위기에서 벗어나고자 했다.

우리는 스톡홀름 회의에서 전사적 비즈니스 목표를 발표했다. 그날 나는 스웨덴이 정적인 전원田園 사회에서 개방적이고 역동적인 도시 사회로 변화하는 흐름에 대해 언급하면서 이야기를 시작했다. 이러한 변화는 리니에플뤼그가 지금까지 주목했던 비즈니스 여행을 넘어서서 새로운 여행 수요를 만들어낼 동력이었다. 다음으로 나는 새로운 비즈니스 전략을 설명했다. 전략에는 새로운 조직, 새로운 시간표, 새로운 요금 체계에 새로운 광고까지 포함되었다. 내 이야기는 논리적이고 단순한 것이었지만 사람들은 뜻밖의 반응을 보였다.

어느 순간 회의장 분위기가 마치 부흥회처럼 바뀌었다. 회의가 끝났을 때 스피커에서는 "Love Is in the Air" 라는 우리의 새로운 주제가 흘러나왔고, 모두 이번 도전 과제가 얼마나 흥미진진한지 이야기했다. 그런 분위기가 가능했던 것은 내가 매우 솔직하게 의사소통을 했기 때문이다. 실제로 사람들은 이런 이야기를 주고받았다. "제가 항상 생각해온 것들이었어요!"

처음으로 새로운 항공편과 요금 체제를 실시했던 그날 아침을 나는 결코 잊을 수 없다. 스톡홀름 브롬마 공항의 출발 터미널에 도착했을 때, 스피커에서는 "Love Is in the Air"가 흘러나왔고 직원들은 따뜻한 미소와 함께 빨간 장미 한 송이를 건네며 '새로운 국내 항공사'를 선택한 승객을 반겨 맞이했다.

어떤 이는 우리의 이러한 모습을 "전형적인 칼슨"이라고 부르기도 했지만, 사실 그 아이디어를 낸 것은 내가 아니라 직원들이었다. 플레이어를 스피커에 연결하는 데 문제가 발생하자 한 직원이 나서서 조그마한 레코드플레이어 앞에 마이크를 대고 종일 서 있기도 했다. 어느 것 하나 쉬운 일은 아니었지만 불평하는 사람은 없었다. 오히려 그 반대였다.

이전에는 직원들이 리니에플뤼그에서 오랜 세월을 보냈어도 이러한 즐거움을 좀처럼 누리지 못했다!

그날부터 승객 수는 급증했다. 승객 유형도 다양해졌다. 비즈니스 승객뿐만 아니라 남녀노소 누구나 리니에플뤼그를 이용하기 시작했다.

우리는 경영 개선을 위해 여러 방법을 시도했는데, 가장 효과적이었던 것은 급격한 요금 인하였다. 요금을 충분히 낮추지 않았더라면, 혹은 인하 소식을 널리 알리지 않았더라면 신규 고객을 유치할 수 없었을 것이다. 그랬다면 단지 기존 고객의 요금을 낮추는 데 머물렀을지도 모른다. 우리는 정오 무렵에 운영되는 항공편의 좌석을 채우기 위해 요금을 크게 낮춰야 한다는 사실을 알고 있었다. 광고 예산도 늘려야 했다.

우리가 어느 정도의 재무적 위험을 감수해야 했을까? 나는 단일 노선에서 발생할 수 있는 잠재적 손실을 계산하려 했지만, 금액이 너무 큰 탓에 분석에 의존해서는 도전할 엄두가 나지 않을 것이라는 사실을 깨달았다. 그래서 계산을 포기하고 수학적 분석 대신 직감을 따르기로 결정했다.

우리는 "모든 국내선 요금을 절반으로!"라는 간결하고 명확한 메시지를 만들었다. 또한 예약 대기 방식으로 구입하면 모든 국내선 항공편을 20달러에 살 수 있도록 했다.

무려 정가 대비 60-80퍼센트에 해당하는 할인율이었다.

우리는 스칸디나비아 항공 측에도 국내선 프로모션을 함께하자고 제안했다. 전년도에 스칸디나비아 항공과 리니에플뤼그는 'Y50'이라고 하는 청년 대상 요금제를 선보였다. 27세 이하라면 누구나 예약 대기를 기준으로 50퍼센트 할인을 받을 수 있도록 하는 요금제였다. 스웨덴 어디에서나 약 30달러에 항공권을 구매할 수 있다는 말이었다. 스칸디나비아 항공은 우리와 협력을 고려하는 과정에서 요금을 30달러에서 20달러로 추가 인하할 경우, 3천 명에서 5천 명가량의 승객을 더 끌어들일 수 있지만, 이것만으로는 요금 인하에 따른 손실을 메울 수 없다고 판단했다. 그들은 결국 우리 제안을 거절했다.

하지만 결국 우리는 혼자 힘으로 해냈다. 20달러는 스웨덴 돈으로 100크로나(주로 북유럽과 동유럽에서 사용하는 화폐 단위—편집자)에 해당하기 때문에 우리는 그 요금을 '100크로나 티켓'이라고 명명하고 전국으로 나가는 광고에 그 이름을 사용했다. 이후 몇 주 만에 배낭을 멘 젊은이 수천 명이 스톡홀름의 브롬마 공항으로 몰려들었다. 그들은 텐트를 치고 핫도그를 요리하면서 리니에플뤼그 항공권을 구하기 위해 줄을 섰다. 100크로나 티켓은 단지 5천 명의 고객을 끌어들이는 데서 멈추지 않았다. 우리는 이를 통해 첫해

여름 시즌에만 12만 5천 명의 승객을 끌어들이는 데 성공했다!

우리는 어떻게 스칸디나비아 항공의 재무 전문가도 발견하지 못한 12만 명을 더 끌어들일 수 있었을까? 정답은 간단하다. 사람들은 'Y50'이 무엇을 의미하는지 잘 이해하지 못했지만 '100크로나 티켓'의 의미는 쉽게 이해했다. '100크로나 티켓' 이야기는 비즈니스가 언제나 논리와 수학에 따른 문제가 아니라는 사실을 잘 보여준다. 경영은 새롭고 흥미로운 상품이 시장에 미칠 심리적 영향까지 고려해야 하는 과제다.

마케팅이 심리적으로 고객 만족에 얼마나 영향을 미치는지 알 수 있는 또 다른 사례는 아침 기내식을 유료로 전환한 일이었다. 그동안 우리는 연간 약 40만 달러를 들여 오전 항공편 승객에게 커피와 빵을 무료로 제공했다. 하지만 많은 이가 그 커피와 빵에 불만을 제기했다.

우리는 접근 방식을 바꾸었다. 많은 사람이 만족하지 못할 만한 아침을 무료로 제공하는 대신 2달러 정도에 질 좋은 아침 식사를 제공하기로 한 것이다. 2달러면 기차에서 제공하는 아침의 절반 가격이었다. 승객들은 아침 식사를 위해 2달러를 기꺼이 지불하고자 했고, 우리는 서비스당 50센트를 벌어들였다.

물론 모두가 완전하게 갖추어진 식사를 원한 것은 아니었다. 대부분은 집에서 아침을 먹고 나왔다. 그들은 우리에게 이렇게 말했다. "커피와 빵을 먹을 수 있다면 1달러 정도는 지불할 용의가 있어요."

그래서 우리는 무료로 제공했던 커피와 빵도 유료로 전환했다. 예전에는 불평하던 승객들도 이제는 만족스러운 반응을 보였고 덕분에 우리는 더 많은 매출을 올릴 수 있었다.

우리는 직원들에게서도 수익을 올리기 위한 다양한 아이디어를 얻었다. 한 승무원 그룹은 오래전부터 초콜릿과 향수를 비롯한 다양한 상품을 기내에서 판매하도록 허가해줄 것을 요청했다(비행 중에 더 많은 일을 하고 싶다는 게 한 가지 이유였다). 이 아이디어는 기업 이사회의 반대에 부딪혔다. 일련의 조사 결과는 기내 판매가 손실로 이어질 것이라고 경고했다. 우리는 조사 결과를 접어두고 승무원들의 도움을 얻어 기내 판매를 즉각 시도해보기로 결정했다. "재무적인 차원에서 책임을 지겠다면 프로젝트를 허가하겠습니다. 무엇을 팔든지 상관하지 않겠습니다." 그들은 제안서를 만들어 돌아왔고 우리는 받아들였다. 결국 우리는 이 아이디어로 수백만 달러를 벌어들였고 승무원들 역시 상당한 수수료를 챙겼다.

우리의 성과는 숫자로 드러났다. 첫해에 요금을 평균 11

퍼센트 낮췄지만 매출은 약 8천 4백만 달러에서 1억 5백만 달러로 증가했다. 또한 승무원이나 항공기 수를 늘리지 않고 운항 빈도를 늘림으로써 44퍼센트나 더 많은 승객을 끌어들였다.

기존 업무 방식을 고집했다면 불가능한 성과였다. 내가 피라미드 꼭대기에 앉아 일방적으로 지시를 내렸다면 그토록 짧은 기간에 새로운 계획을 실행에 옮길 수는 없었을 것이다. 성공적인 전략을 실현하지도 못했을 것이다. 우리가 성공할 수 있었던 것은 내가 꼭대기에서 내려와 직원들로부터 훌륭한 아이디어들을 직접 얻었기 때문이다.

많은 직원이 맡은 일에 기꺼이 헌신하지 않았다면 우리는 성공할 수 없었을 것이다. 어떻게 그들은 그렇게 열정적으로 일할 수 있었을까? 나는 모두가 공통의 목표와 전략을 이해했기 때문이라고 확신한다. 우리는 기업의 비전을 전달했고 직원들은 그 비전을 실현하기 위해 기꺼이 책임을 떠안았다. 그들은 기업에서 처음으로 혁신이 일어나고 있다는 사실을 깨달았다. 성공이 그들 자신에게 달려 있다는 사실을 알았다. 그들은 신문에서 우리 기업에 관한 기사를 읽었다. 당시 언론은 우리가 추진하는 모든 일을 상세하게 보도했다. 우리는 여러 번에 걸쳐 계획의 세부 사항을 언론에 내보냈다. 물론 조금 위험한 방법이기는 했지만 이로써 조직 내부에 엄청난 활력을 불러일으켰다.

심지어 스웨덴 철도인 SJ와 우리가 제공하는 서비스를 공개적으로 비교하는 광고를 내보내기도 했다. 사실 전통적인 방식은 아니었다. 스웨덴 사람들은 자신을 자랑하는 일을 꺼릴 뿐 아니라, 항공 산업은 철도 산업과 경쟁하지 않는다는 오랜 암묵적 합의가 있었다. SJ 사장이 내게 광고 중단을 요청했지만 나는 이제 상황이 달라졌다고 말했다. 우리는 그들의 고객을 빼앗아야 했다. 이후 SJ 사장은 그들 역시 광고로 대응하겠다는 의사를 밝혀 왔다.

내 대답은 이랬다. "좋습니다! 경쟁이 필요한 시점입니다. 독점한다는 건 이젠 지루한 일이니까요."

일 년간의 열띤 경쟁 끝에 그는 내게 생각이 바뀌었다는 말을 전했다. "우리와 비교했던 당신의 광고는 우리에게도 좋은 일이었습니다. SJ의 모든 직원이 기차가 비행기보다 더 낫다는 사실을 보여주겠다고 나섰으니까요!"

빙레소르와 리니에플뤼그, 스칸디나비아 항공 세 곳 모두 거대한 스칸디나비아 기업이며 여행 산업과 관련 있다. 나는 어려운 시기마다 이 기업들을 이끌게 되었다. 어떤 이는 내가 마케팅 상술로 성공했다고 말할 것이다. 하지만 나는 세 기업의 문제를 해결하기 위해 늘 똑같은 전략을 사용하지는 않았다. 대신에 각 기업이 시장의 요구에 부응할 수 있도록 방향을 전환했다. 그 과정에서 나는 내 스스로 세운 원칙보다 고객을 직접 만나는 현장 직원들에게 더 많이 의존해야 한다는 사실을 배웠다. 관리자가 아닌 진정한 리더가 되는 법을 배웠을 때, 나는 비로소 시장 중심의 새로운 기회와 직원들의 창조적 에너지에 한발 더 다가섰다.

3장

비용을 줄이는 것보다
중요한 것

수익이 가장 중요한 요소는 아니다. 비용을 더 삭감했다면 8천만 달러가 훨씬 넘는 수익을 올렸을 것이다. 하지만 그것은 단기적인 해결책에 불과했다. 서비스 품질의 저하로 승객의 불만이 커졌을 것이고 직원의 사기는 위축되어 시장 점유율마저 떨어졌을 것이다. 중요한 것은 우리가 시장과 고객뿐 아니라 직원에게 투자함으로써 새로운 차원의 수익성을 달성했다는 사실이었다.

리니에플뤼그에 온 지 2년쯤 되었던 1980년에 스칸디나비아 항공의 CEO로 와달라는 제안을 받았다. 그 무렵 리니에플뤼그는 위기에서 벗어나 순조롭게 운영되고 있었다. 나는 스칸디나비아 항공에 필요한 것이 무엇인지 알고 있었기 때문에 제안을 흔쾌히 받아들였다.

당시에는 항공 산업 전반이 위기를 겪고 있었다. 주요 항공사들은 매년 시장을 확장했지만 70년대의 석유 파동으로 승객 수와 화물 규모가 정체되기 시작했다. 덴마크, 노르웨이, 스웨덴 정부와 민간 기업이 공동으로 지분을 소유한 스칸디나비아 항공은 17년 연속 흑자를 내며 성공의 역사를 자랑했다. 하지만 최근 2년 동안 상황이 악화되어 곧 2천만 달러의 손실을 눈앞에 두고 있었다. 이는 스칸디나비아 항공 기준으로 심각한 규모였다. 모두가 변화의 필요성을 느끼고 있었다.

수많은 스칸디나비아 항공 직원은 내가 리니에플뤼그에서 그랬던 것처럼 요금을 크게 낮추거나 빙레소르에서 그랬던 것처럼 최대한 비용을 줄일 것이라고 예상했다. 하지만 그렇게 간단한 문제가 아니었다. 빙레소르는 침체된 시장에서 수익을 창출하기 위해 비용을 최대한 줄여야 했다. 리니에플뤼그의 경우 비용이 고정되어 있었기 때문에 고객을 늘릴 수밖에 없었다. 이를 위해 요금을 낮추고 운항 횟수를 늘린 것이었다. 하지만 스칸디나비아 항공의 상황은 또 달랐다. 우리에게는 다른 접근 방식이 필요했다.

처음 시장이 정체되었을 때, 스칸디나비아 항공의 경영진은 매출을 더 이상 늘리기는 힘들다고 판단했다. 그래서 비용 절감에 집중했다. 스칸디나비아 항공은 제2차 세계대전이 끝나고 첫 번째 석유 파동이 있던 1973-74년까지 30년 동안 경쟁이 거의 없는 시장에서 안정된 사업을 영위했다. 연매출도 쉽고 정확하게 예측할 수 있었다. 제품과 가격(인플레이션을 감안한) 같은 요소는 상수였고, 비용이 유일한 변수였다. 따라서 비용을 줄여 이윤을 극대화하는 것은 수익성을 개선하기 위한 합리적이고 확실한 전술이었다.

당시 스칸디나비아 항공의 경영진은 널리 알려진 비용

절감책을 사용하고 있었다. '치즈 슬라이서'라는 방법으로, 시장의 요구와는 무관하게 모든 활동과 부서의 비용을 일률적으로 줄이는 것이었다. 비용 삭감은 침체된 시장에서 살아남는 데는 확실히 효과가 있었다. 하지만 고객이 별로 원하지 않는 서비스는 그대로 내버려두면서 돈을 지불할 용의가 있는 서비스는 없애버리는 역효과를 낳았다. 비용을 삭감하는 과정에서 기업이 가진 경쟁력마저 삭감해버린 것이다. 비용 삭감이 조직 내부에 미치는 영향 또한 심각했다. 직원들은 주도권을 잃어버렸다. 결국 아무도 비용 관리를 책임지려고 하지 않았다.

다행스럽게도 내가 스칸디나비아 항공에 사장으로 취임하던 초창기 무렵에 경영진 중 한 사람인 헬게 린드베리가 몇몇 기존 관리자들과 함께 조직 관리 전반을 맡아주었다. 덕분에 내가 꾸린 새로운 경영진은 스칸디나비아 항공이 새로운 궤도로 들어서도록 하는 데 시간과 에너지를 집중할 수 있었다.

스칸디나비아 항공 이사회는 시장이 회복되지 않는 상황에서도 비즈니스를 흑자로 전환하라는 목표를 경영진에게 제시했다. 우리는 스스로 한 가지 원칙을 세웠다. 단기적인 수익을 얻기 위해 항공기를 판매하지는 말자는 것이었다. 많은 항공사가 힘든 시기에 이런 수법을 사용했다. 하지만 우리는 최고의 서비스를 제공함으로써 수익을 내고, 정체된 시장에서 점유율을 높이기로 했다.

스칸디나비아 항공은 이미 한계치까지 비용을 삭감했다. 앞으로 비용을 더 줄이는 것은 이미 느려진 자동차의 브레이크를 밟는 꼴밖에 안 되었다. 추가적인 비용 삭감은 자칫 조직에 더 큰 피해를 입힐 수도 있었다. 이런 점에서 스칸디나비아 항공을 수렁에서 건져낼 유일한 해결책은 매출을 늘리는 것뿐이었다.

이를 위해 우리는 먼저 시장과 그 안에서 스칸디나비아 항공이 차지하는 위치를 정확하게 파악해야 했다. 목표를 수립하고 그것을 달성할 방법을 선택하는 것이 그다음 스텝이었다. 다시 말해 우리는 완전히 새로운 비즈니스 전략을 세워야 했다.

우리의 목표는 제로 성장 시장에서도 수익을 내는 것이었다. 우리가 세운 전략은 이후 '비즈니스 승객을 위한 세계 최고의 항공사'라는 이름으로 알려졌다. 우리는 오로지 비즈니스 승객만을 타깃으로 삼았다. 일반 여행자와 달리 비즈니스 승객은 좋을 때나 나쁠 때나 여행을 해야 한다. 우리가 서비스를 개선하여 비즈니스 여행 시장의 독특한 요건만 충족시킨다면 비싼 요금을 지불하는 비즈니스 승객을 끌어모을 수 있으리라 생각했다.

물론 이러한 전략이 생소하거나 기발한 아이디어는 아니었다. 모든 항공사가 비즈니스 승객을 유치하지 않고서는 수익을 올릴 수 없다는 사실을 알았다. 일반적으로 이들은 정상 요금을 지불하는 유일한 승객이었다. 우리가 차별화한 것은 목표를 달성하기 위한 접근 방식이었다. 우리는 치즈 슬라이서와 전혀 다른 전략을 사용했다.

우리는 비용을 최소한으로 줄여야 할 골칫거리가 아니라 경쟁력을 높이기 위한 자원으로 바라봤다. 실제로 우리는 비즈니스 승객의 요구를 만족시키는 일이라면 그게 무엇이든 기꺼이 비용을 지출함으로써 우리의 경쟁력을 높일 생각이었다.

우리는 모든 자원과 비용, 절차를 면밀히 살펴보고 스스로 이런 질문을 던졌다. "비즈니스 승객의 요구를 충족시키기 위해 이것이 필요한가?" '아니오'라는 답이 나오면 그것이 무엇이든, 조직 내부 사람들이 얼마나 중요하게 생각하든 상관없이 점차 그것을 제거해나갔다. '예'라는 답이 나오면 더 많은 돈을 투자해 스칸디나비아 항공의 경쟁력을 높였다. 무언가 누락된 서비스가 있으면 적극적으로 보완했다. 다시 말해 우리는 한 가지 항목에서 100퍼센트 더 잘하려고 하기보다 100가지 항목에서 1퍼센트씩 더 잘하고자 했다.

이로써 흑자 전환의 발판이 될 고유한 전략 계획을 완성했다. 4천 5백만 달러를 추가로 투자하고, 147개 프로젝트를 위한 연간 운영비도 1천 2백만 달러 증액할 것을 이사회에 요청했다. 이 프로젝트에는 정시 출발 캠페인, 코펜하겐의 운항 시스템 개선, 1만 2천 명 이상의 직원을 대상으로 한 서비스 교육, 고객에게 제공하는 마티니에 올리브를 다시 넣는 방안이 포함되었다. 물론 투자를 늘린다고 매출도 늘어나리라는 보장은 없었다. 하지만 우리에겐 선택의 여지가 없었다. 비용 절감 카드는 이미 써버렸기 때문이다.

위험성이 높은 계획이었지만 스칸디나비아 항공 이사회는 뜨거운 관심을 보였다. 이사회는 1981년 6월 덴마크에서 열린 회의에서 이 계획안을 만장일치로 통과시켰고, 몇 주 후에는 내게 스칸디나비아 그룹의 사장 자리를 제안했다. 그렇게 스칸디나비아 항공은 침체된 시장 한가운데, 심지어 2천만 달러에 가까운 손실을 기록하던 상황에서 혁신의 방아쇠를 당겼다.

동시에 몇몇 분야에는 제동을 걸었다. 우리는 몇몇 정책과 절차가 비즈니스 승객에게 제공하는 서비스의 질 제고에 기여하지 못한다는 사실을 확인했다. 이를 개선하고자 4천 5백만 달러를 투자함과 동시에 비효율적인 서비스를 없애는 '트림Trim'이라는 대규모 프로젝트를 실시함으로써 4천만 달러를 절감했다.

일단 비즈니스 승객에게 질 좋은 서비스를 제공하자는 목표를 분명히 세우자 비용을 절감할 분야도 쉽게 알 수 있었고, 서비스 품질을 유지한 수 있다는 확신을 가질 수 있었다. 가령 비즈니스 승객들은 관광 상품을 홍보하는 부서 혹은 항공 산업에서 우리의 위상을 드러내는 홍보 부서에는 조금도 관심이 없었다.

스칸디나비아 항공에서는 40명의 직원으로 구성된 시장조사 부서가 광범위한 시장 분석 업무를 수행하고 있었다. 고객과 동떨어진 경영진이 모든 의사 결정을 내리던 시절에는 이 부서가 대단히 중요한 역할을 했다. 그러나 책임을 현장 직원에게 분산한 뒤로는 시장조사를 많이 할 필요가 없었다. 모든 의사 결정은 시장과 가장 가까운 곳에 서 있는 직원들의 몫이었다. 그래서 우리는 통계 자료와 인쇄물에 파묻혀 있던 시장조사 부서 직원들이 현장이나 특정 항공편에서 직접적인 책임자로 일할 수 있도록 선택권을 주었다.

문서 작업 역시 마찬가지였다. 책임이 분산되면서 지시 사항을 문서로 작성하고, 전송하고, 잘 지켜지는지 확인할 필요가 없어졌다. 우리는 모든 보고서를 포기하고, 정말로 필요하다고 생각하는 보고서만 되살리기로 했다.

이렇게 세운 계획은 1981년 가을부터 시행했다. 그해 여름까지만 해도 제각각으로 움직이던 부서들이 놀랍도록 빠르게 정리되었다. 경영진뿐 아니라 조직 전반에 있는 모든 구성원이 비전을 확인하고 책임을 받아들임으로써 그들이 담당하는 영역이 하나의 목표 안으로 집결했다. 아직 시스템이 다 갖춰지지는 않았지만 직원들의 직관과 오랜 경험으로 시간을 절약할 수 있었다. 직원들은 때로 실수를 저질렀지만 그건 큰 문제가 아니었다. 실수는 얼마든지 바로잡을 수 있었다. 하지만 의사 결정을 내리지 못해 허비한 시간은 결코 되돌릴 수 없다.

직원들의 태도 변화는 이 과정에서 거둔 가장 중요한 성과 중 하나였다. 서비스 중심 항공사로 거듭나 흑자 전환에 성공하겠다는 우리의 선언은 스칸디나비아 항공의 조직 문화에 급격한 변화의 불씨를 지폈다. 전통적으로 경영진은 투자와 관리, 행정 업무에만 매진했다. 서비스는 부차적인 일이었고, 본사에서 멀리 떨어진 곳에서 일하는 직원들의 몫이었다. 그러나 이제는 중역들의 사무실부터 탑승 터미널에 이르기까지 기업 전체가 서비스에 주목하게 되었다.

현장 직원들은 갑작스럽게 기업 내에서 큰 가치를 인정받게 되었다. 모든 직원은 서비스에 관한 특별 교육을 받았다. 많은 직원들이 교육의 내용보다 기업이 그들에게 시간과 자원을 투자한다는 사실을 더 중요하게 여겼다. 현장 직원들은 줄곧 제대로 인정받지 못했다. 하지만 이제는 그들이 무대의 중심을 차지하게 되었다.

또한 서비스에 대한 강조를 넘어 이사회에서 예약 담당자에 이르기까지 스칸디나비아 항공에 속한 모두가 하나의 비전을 인식하고 이해함으로써 새로운 활력을 얻었다. 우리는 이사회로부터 승인을 얻자마자 '나가서 싸우자'라는 제목의 빨간 소책자를 2만 명이나 되는 전 직원에게 배포했다. 이 소책자는 이사회와 경영진이 수립한 기업 비전과 목표를 쉬운 용어로 설명하는 책이었다. 우리는 기업에 속한 모두가 경영 목표를 제대로 이해하기를 원했다. 메시지가 조직 내에서 전달되는 중에 왜곡되지 않기를 바랐다.

우리는 책임을 분산하고 비전을 전 직원에게 전달함으로써 그들에게 더 많은 책임을 요구했다. 정보를 얻지 못한 사람은 책임을 질 수 없다. 반면 정보를 얻은 사람은 책임을 회피하지 못한다. 직원들은 비전을 이해한 뒤 책임을 적극적으로 받아들였으며, 이러한 변화가 조직 전반에 동시다발적으로 활력을 불어넣었다. 언론은 성공의 공을 내게로 돌렸다. 하지만 기업이 조직화된 후에는 나 또한 수익 창출이라는 책임을 진 수천만 명 중 한 사람일 뿐이었다. 스칸디나비아 항공의 새로운 에너지는 매일 하나의 목표를 향해 달려가는 직원 2만 명이 함께 만든 것이었다.

사실 우리가 낸 아이디어 중 생소한 것은 거의 없었다. 이전 경영진도 이미 서비스 중심 기업이 되어야 할 필요성을 인식하고 있었다. 우리가 실행에 옮긴 아이디어 중 상당수는 이미 여러 곳에서 활발히 논의된 내용이었다.

예를 들어 비즈니스 승객을 위한 특별 좌석 등급을 만들자는 방안은 스칸디나비아 항공 내부에서 이미 오랫동안 회자되고 있었다. 에어프랑스와 브리티시 항공, KLM은 이미 비슷한 시스템을 선보였다. 스칸디나비아 항공도 비즈니스 승객에게 최고의 서비스를 제공한다는 목표에 맞게 계획을 실행에 옮겨야 했다.

그런데 스칸디나비아 항공에는 한 가지 문제가 있었다. 너무 많은 승객이 일등석은 물론 일반석까지 할인 요금으로 이용하고 있었다. 다른 유럽 항공사들은 일반석에 추가 요금을 부과하는 방식으로 비즈니스 클래스를 운영했다. 우리는 더 많은 비즈니스 승객이 정상 요금으로 일반석을 이용하게끔 만드는 것만으로 재정 상태를 크게 개선할 수 있다는 사실을 깨달았다. 이를 위해 유럽으로 가는 항공편의 일등석(주로 항공사 임원을 위한 세계 최고의 식당 칸으로 기능했던) 요금을 낮추고 '유로클래스'EuroClass 제도를 만들었다. 비즈니스 승객을 대상으로 정상 요금을 받으면서 더 좋은 서비스를 제공하는 제도였다. 할인 제도도 그대로 유지했지만, 비즈니스 승객에 주목했기 때문에 할인 상품을 크게 홍보하지는 않았다.

유로클래스 승객을 위한 서비스를 광고로 먼저 내보낸 뒤, 곧바로 실행에 옮겼다. 첫째, 등급 간 좌석을 확실하게 구분했다. 우리는 항공기 내에 이동식 파티션을 설치해 유로클래스를 다른 구역과 구분했다. 공항에는 유로클래스 승객을 위해 전화기를 갖춘 편안한 라운지를 마련했다. 별도의 체크인 카운터를 운영했고, 기내에서는 더욱 안락한 의자와 질 좋은 음식을 제공했다.

서비스 품질에도 차이를 두었다. 일반석 승객은 탑승 수속에 평균 10분이 소요되었던 반면, 유로클래스 승객은 6분 이내에 수속을 마칠 수 있도록 했다. 비즈니스 승객은 가장 마지막에 탑승하고 가장 먼저 내렸다. 가장 먼저 식사를 할 수 있었으며 음료와 신문, 잡지까지 무료로 이용했다.

새로운 전략의 효과를 확인하기까지는 그리 오랜 시간이 걸리지 않았다. 우리의 목표는 첫해에 2천 5백만 달러와 두 번째 해에 4천만 달러, 세 번째 해에 5천만 달러의 수익을 얻는 것이었다. 하지만 놀랍게도 '첫 해에만' 8천만 달러에 가까운 수익 증가를 기록했다. 시장이 급격하게 침체하면서 다른 국제 항공사들은 총 20억 달러의 손실을 기록

했음에도 말이다. 우리는 시장이 정체된 상황에서도 3년 만에 정상 요금 승객 수를 23퍼센트, 할인 요금 승객을 7퍼센트 끌어올렸다. 1985년과 86년에 스칸디나비아 항공의 고객 수는 계속해서 증가했는데, 전반적인 시장의 성장 속도를 훌쩍 뛰어넘는 수치였다.

성과는 다른 곳에서도 확인할 수 있었다. 1983년 8월 『포춘』*fortune* 지는 자체 조사를 통해 스칸디나비아 항공을 비즈니스 승객을 위한 세계 최고의 항공사로 선정했다. 또한 저명한 항공 산업 잡지인 『에어 트랜스포트 월드』*Air Transport World* 는 그해 우리를 '올해의 항공사'로 꼽았다.

우리는 일 년 만에 직원의 사기 저하와 시장 점유율 하락 및 심각한 적자에서 우리가 선언한 목표, 즉 비즈니스 승객을 위한 세계 최고의 항공사로 변모했다. 더불어 수익까지 올렸다.

물론 수익이 가장 중요한 요소는 아니다. 비용을 더 삭감했다면 8천만 달러가 훨씬 넘는 수익을 올렸을 것이다. 하지만 그것은 단기적인 해결책에 불과했다. 서비스 품질의 저하로 승객의 불만이 커졌을 것이고 직원의 사기는 위축되어 시장 점유율마저 떨어졌을 것이다. 중요한 것은 우리가 시장과 고객뿐 아니라 직원에게 투자함으로써 새로운 차원의 수익성을 달성했다는 사실이었다. 우리가 수백만 명의 고객을 만족시키고 수천 명 직원의 사기를 북돋웠다는 사실이 8천만 달러의 추가 수익보다 중요한 결과였다. 결론적으로 우리는 미래를 위해 꼭 필요한 자원을 얻었다.

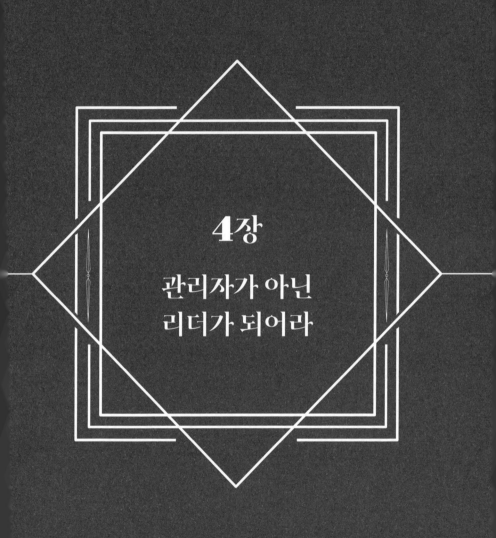

4장

관리자가 아닌
리더가 되어라

축구 경기에서 가장 중요한 것은 선수들이다. 그들은 경기를 하는 동안 스스로 감독이 된다.

어떤 선수가 텅 빈 골문을 향해 달려가다가 갑자기 공을 버리고 감독에게 달려와 지시를 요구한다고 상상해보자. 다시 공을 찾으러 돌아가기도 전에 공을 놓치는 것은 물론 게임에서도 지고 말 것이다.

스칸디나비아 항공에 사장으로 왔던 첫해인 1981년 여름에 2주간 휴가를 떠났었다. 그런데 시골 별장에 도착하자마자 전화기가 울려대기 시작했다. 본사 직원들이었다. 그들은 끊임없이 전화를 걸어 일상적인 문제에 관한 질문을 해댔다. 시골에 있던 나보다 본사에 있던 사람들이 문제 상황에 관해 더 많이 알고 있었음에도 말이다. 며칠 후 나는 결국 휴가를 포기하고 스톡홀름으로 돌아갔다. 먼 거리에서 업무를 보는 게 시간 낭비처럼 느껴졌기 때문이다.

이듬해 여름, 한 스웨덴 신문사에서 '휴식'을 주제로 인터뷰를 하고 싶다는 요청이 왔다. 나는 요청을 수락하면서 내가 휴가를 떠나기 일주일 전에 기사를 게재해달라는 조건을 달았다. 스칸디나비아 항공의 직원들이 내가 휴가를 떠나기 전 기사를 읽었으면 하는 바람이었다.

인터뷰에서 나는 개별적인 의사 결정이 조직의 상층부가 아니라 실질적인 책임을 지고 있는 지점에서 이루어지려면 책임을 조직 전반에 분산해야 한다고 설명했다. 우리는 그런 조직을 구축했으며 관리자들이 이러한 철학에 따라 업무를 처리하길 기대한다고 언급했다. "이제 4주 동안 휴가를 떠날 생각입니다. 그곳에서 전화가 울리지 않는다면 내 메시지가 제대로 전달되었다는 증거입니다. 사람들이 책임을 받아들이고 스스로 의사 결정을 내린다는 뜻이죠. 하지만 전화가 울린다면 메시지 전달에 실패했다는 뜻입니다. 저의 메시지가 조직 전반에 제대로 전달이 되지 않았거나 책임을 받아들일 관리자를 뽑지 못했다는 거죠."

며칠 후 나는 휴가를 떠났다. 놀랍게도 4주 동안 어떠한 전화도 걸려오지 않았다. 조직이 설계된 방식대로 돌아가고 있다는 확실한 증거였다. 물론 내 인터뷰 기사도 어느 정도 영향을 미쳤겠지만 말이다. 돌아왔을 때, 내가 없는 동안 많은 의사 결정이 이루어졌다는 사실을 확인했다. 썩 만족스럽지 않은 결정도 있었지만(나였다면 다르게 선택했을 것이다) 중요한 성과는 의사 결정이 어떻게든 이루어졌다는 사실이었다. 사람들은 정확한 최신 정보를 기반으로 각자의 책임을 다하고 있었다.

이 사례는 전통적인 기업의 관리자와 고객 중심 기업을 이끄는 진정한 리더의 차이를 분명하게 말해준다. 나는 빙 레소르에서 배웠던 교훈을 소중하게 간직한 덕분에 리니에 플뤼그와 스칸디나비아 항공에서도 성공할 수 있었다고 생각한다. 리더는 모든 것을 알고 모든 결정을 내릴 수 있기 때문에 그 자리에 있는 게 아니다. 리더는 정보를 취합하고 업무를 처리하기 위한 기반을 마련하기 위해 그 자리에 있는 것이다. 그러므로 리더는 일상적인 업무에 대한 책임을 효과적으로 분배할 수 있는 시스템을 구축해야 한다.

과거에는 사장이 한 달씩 사무실을 비우는 일을 상상할 수 없었다. 최고 관리자는 중요한 의사 결정을 모두 스스로 내려야 했으므로 모든 일에 직접적으로 관여해야만 했다. 그는 끊임없이 중요한 선택을 내려야 했고, 주중과 주말, 낮과 밤을 가리지 않고 일해야 했다. "4년 동안 한 번도 휴가를 가지 못했다"라는 말은 통제권을 틀어쥐고 있어 자리를 비울 수 없다는 뜻이었다.

일반적으로 최고 경영자는 의사 결정을 내리는 기계다. 직원들은 문제에 관한 정보와 더불어 여러 가지 해결책을 가지고 온다. 최고 경영자는 이 정보를 처리해서 답을 내놓는다. "2안으로 갑시다." 그는 전체 그림을 볼 수 있는 유일한 사람이기 때문에 스스로 중요한 의사 결정을 내려야 한다. 다른 누구도 그를 대신하지 못한다.

　이러한 시스템에서는 최고 경영자가 모든 책임을 지고 있는 것처럼 보이지만 실제로는 정반대다. 그는 자신의 업무 중 가장 중요한 부분을 방치하고 있다. 조직 전반이 비전을 받아들이도록 만드는 일이다. 경영자는 자신이 주목하는 사안에 관해서만 의사 결정을 내린다. 모든 중요한 문제가 피라미드 꼭대기로 올라간다면 경영자가 아무리 유능한 의사 결정자라고 해도, 모든 사안을 들여다보고 주어진 정보를 바탕으로 올바르게 판단할 충분한 시간은 확보할 수 없을 것이다.

　결과는 어떨까? 많은 의사 결정이 처리되지 못한 채 방치된다. 기업 내 누구도 전체적인 비전을 갖고 있지 않다. 임원들은 비전에 관해 들은 바가 없고 경영자는 의사 결정을 내리느라 정신이 없다. 직원들은 수동적으로 움직인다. 직원들은 아무리 좋은 아이디어가 떠올라도 "경영진이 도전을 허용하지 않을 것이다"라며 체념할 것이다.

　많은 경영자는 조직을 관리하는 옛 방식이 대단히 힘들다고 생각한다. 이들은 임원들로부터 끊임없이 요청을 받는다. 저녁과 주말, 휴가를 떠나서도 일을 한다. 하지만 나는 진정한 리더라면 다른 방식으로 일해야 한다고 믿는다.

　포괄적이고 새로운 전략을 들고 와서 의사 결정을 내

려달라는 사람은 없다. 이러한 전략은 경영자 스스로 만들어내야 한다. 일단 전략 수립을 위한 비전, 즉 큰 그림을 그렸다면, 목표를 달성하기 위해 다양한 분야에 있는 사람들의 힘을 빌려야 한다. 그 후, 경영자는 목표를 달성하기 위한 세부적인 비즈니스 전략을 수립해야 한다. 그 목표와 전략을 이사회, 노동조합 및 모든 직원에게 전달해야 한다. 경영자는 현장 직원에게 더 많은 책임을 부여하고, 그들이 자신에게 주어진 새로운 권한을 적극적으로 발휘할 수 있도록 신뢰할 만한 분위기를 조성해야 한다. 직원들이 목표를 달성하면서 올바른 방향으로 나아가고 있다는 사실을 알려줄 기준을 세워야 한다. 간단하게 말해서, 경영자는 비전을 현실로 만들기 위한 전제 조건을 마련해야 한다.

이는 혼자서 의사 결정을 내리는 것보다 훨씬 더 힘든 작업이다. 스칸디나비아 항공에 사장으로 취임했을 때, 나는 이 일이 대단히 어렵다는 것을 간과했다. 스칸디나비아 항공이 비즈니스 승객을 위한 서비스에 주력하고 있기는 했지만, 우리는 화물 사업부 직원들에게도 새로운 전략을 수립하도록 했다. 하지만 내 눈에 그들은 단지 "화물팀, 힘내요!"처럼 별 의미 없는 구호만 외치고 있었다. 나는 조급한 마음에 더욱 '실질적인' 전략적 사고 능력을 주문했다.

결국 나는 화물 사업부 책임자를 불러놓고 이렇게 말했

다. "그렇게 어려운 요구가 아닙니다. 시장이 원하는 것은 집 앞까지 배송해주는 서비스입니다. 이런 서비스를 개발하고 이를 '유로카고EuroCargo'라고 부르면 비즈니스 승객을 위한 유로클래스와 딱 맞아 떨어질 텐데 말이죠."

그는 내 의견을 따랐지만, 쉽게 예상할 수 있듯 유로카고는 큰 실패로 돌아갔다. 왜 그랬을까? 내게 생소한 분야였음에도 내가 피라미드 꼭대기에서 의사 결정을 내렸기 때문이다. 나는 화물 시장만의 특별한 시스템과 분업화에 대해 기본적인 지식도 없었다. 승객 비즈니스에만 경험했던 나는 화물이 완전히 다른 시장이라는 사실을 이해하지 못했다. 화물은 대규모 제조업체와 맺은 장기 계약을 기반으로 움직이는 일종의 중공업 비즈니스였다.

내가 화물 관리자들이 자유롭게 의견을 개진할 수 있는 분위기를 조성했더라면 그런 실수는 없었을 것이다. 그러나 나는 무슨 일을 하고 있는지도 알지 못한 채 혼자서 의사 결정을 내려버리는 쉬운 길을 택했다.

많은 경영자가 같은 실수를 저지른다. 이들은 모든 것을 알지 못하면(혹은 아는 척 하지 않으면) 훌륭한 경영자가 될 수 없다고 믿는다. 하지만 직원들은 뒤에서 상사가 "아무것도 모른다. 내 쉬운 일조차 하지 못한다"라며 수군댄다. 이러한 모습은 상사가 모든 것을 알아야 한다고 생각하는 것이 얼마나 말도 안 되는 일인지 알려주는 강력한 증거다.

경영자가 구체적이고 전문적인 지식을 알아야 할 필요는 없다. 나는 대규모 항공사의 사장이지만 비행기를 몰 줄도, 수리할 줄도 모른다. 스칸디나비아 항공의 누구도 내게 그런 기대를 하지 않는다. 오늘날 리더는 보편적인 자질을 갖춰야 한다. 뛰어난 비즈니스 감각과 일이 돌아가는 흐름에 대한 폭넓은 이해력이다. 즉, 조직 내부 및 외부 사람과 팀 사이의 관계, 비즈니스의 다양한 요소 사이의 상호 작용을 이해하는 능력을 지녀야 한다.

경영자에게 요구되는 자질은 전략적 사고 능력이다. 이는 '헬리콥터 센스'라고도 한다. 즉, 세부 사항을 위에서 내려다보면서 전체적인 지형을 파악하는 능력을 말한다. 변화를 이해하고 지시하는 역량은 유능한 리더십에서 필수 요소다. 오늘날 비즈니스 리더는 재무와 생산, 기술뿐 아니라 인적 자원까지 관리해야 한다. 분명한 목표와 전략을 수립하고, 직원들에게 전달하고, 목표를 달성하기 위해 직원들이 책임을 받아들이도록 교육하는 것이다. 그럼으로써 리더는 유연성과 혁신을 뒷받침하는 효율적인 업무 환경을 조성할 수 있다. 그러므로 새로운 리더는 귀를 기울여 듣는 사람, 소통하는 사람, 교육하는 사람이다. 다시 말해 혼자 결정을 내리는 것이 아니라 올바른 분위기를 조성할 줄 알면서 정서적으로 교감하고 영감을 주는 사람이다.

이전까지 이러한 자질은 여성의 것으로 간주되었다. 과거 농경 사회에서 여성은 가족과 공동체의 사회적 관계를 돌보았다. 다른 사람을 돌보는 여성의 직관과 민감함은 모든 경영자에게도 꼭 필요한 자질이다. 하지만 안타깝게도 이러한 자질을 하룻밤에 배울 수는 없다.

새로운 리더는 여성들에게 더 많은 기회를 열어놓아야 한다. 스칸디나비아 항공에서 운영하는 비행 아카데미의 책임자로 비르기타 뤼드베크를 임명했을 때, 우리가 기대한 역할은 경험 많은 조종사가 아니라 전문적인 '관리자'였다. 비르기타는 경영학을 전공했고, 우리는 그녀가 비행 훈련을 위한 적절한 분위기를 만들어주리라 확신했다. 이 결정은 비행 기술 전문가가 그 자리를 맡아야 한다고 생각했던 많은 조종사에게 충격을 주었다. 하지만 비르기타가 다양한 리더십 자질을 갖추고 있으며 스스로 유능한 관리자라는 사실을 입증하면서 그들 역시 우리의 결정을 받아들였다. 나는 장기적인 차원에서 여성과 남성 모두가 내면의 '여성성'과 '남성성'을 적극 활용함으로써 기업의 목표 달성에 더 많이 기여할 수 있다고 확신한다.

한편 리더는 합리적 독재자가 되어야 한다. 즉, 비전과 목표를 분산된 거대한 조직 전반에 걸쳐 전달하면서도 동시에 근본적인 이념에 관한 노골적인 반대를 허용해서는 안된다. 리더는 자신의 비전을 설득력 있게 제시함으로써 조직 내 모든 구성원이 목표와 전략에 긍정적인 느낌을 갖도록 해야 한다. 실제로 내가 리니에플뤼그와 스칸디나비아 항공에서 일했을 때는 경영진의 비전이 직원들의 아이디어와 조화를 이룰 때가 많았다.

물론 반발하는 사람은 어디에나 있다. 그럴 때 경영자는 열정까지는 아니더라도 목표에 대한 책임만큼은 강하게 요구해야 한다. 그것까지 거부한다면 조직을 떠나도록 해야 할 것이다.

스칸디나비아 항공에서 우리는 거의 모든 직원이 기업의 비전을 받아들이도록 했다. 모두가 목표를 바라보고 그 방향을 향해 열정적으로 달려나가도록 만들었다. 결과는 손익계산서가 말해주었다. 우리는 아주 강한 바람을 일으켰다. 만일 열 명 중 한 명이라도 다른 방향을 향해 있었다면 기업 역사상 중요한 분기점에서 시도한 개혁이 탄력을 받지 못했을 것이다.

물론 서비스 중심 기업이 되려면 수직 구조를 허물어뜨려야 한다고 말하는 것이 기업 내에서 순수 민주주의를 추구해야 한다는 의미는 아니다. 중간 관리자, 현장 직원, 노동조합 대표, 이사회를 포함한 모두가 자신의 견해와 아이디어를 제시할 수 있도록 허용해야 한다. 하지만 모든 구성원을 최종 의사 결정 과정에 항상 참여시킬 수는 없다.

이사회는 사장과 경영진을 임명하고 그들로 하여금 비즈니스 전략을 수립하고, 제시하고, 추구하도록 한다. 경영자는 전략을 수립하고 이를 모두에게 전한 뒤에야 책임을 나눌 수 있다. 특히 고객 중심 기업에게는 이것이 필수 과제다. 경영자는 비즈니스가 제대로 돌아갈 수 있도록 올바른 환경을 구축하는 사람이다.

축구 경기에서 감독은 올바른 선수를 선택할 임무를 맡은 리더다. 그는 선수들이 최선의 컨디션으로 경기장에 나갈 수 있도록 도와야 한다. 경기장에는 지시를 내리고 작전을 변경하는 등 관리자 역할을 수행하는 주장이 있다. 그럼에도 가장 중요한 것은 선수들이다. 그들은 경기를 하는 동안 스스로 감독이 된다.

어떤 선수가 텅 빈 골문을 향해 달려가다가 갑자기 공을 버리고 감독에게 달려와 지시를 요구한다고 상상해보자. 다시 공을 찾으러 돌아가기도 전에 공을 놓치는 것은 물론 게임에서도 지고 말 것이다.

변화무쌍한 비즈니스 환경에서는 경영자가 피라미드 꼭대기에서 모든 것을 통제할 수 없다. 그렇기 때문에 모든 활동이 일어나는 현장에 권한을 부여해야 한다. 현장 직원은 시장에서 일어나는 변화를 감지하는 사람이다. 이들에게 현재 시장 상황에 따라 결정을 내릴 수 있는 권한을 부여함으로써 경영자는 시장의 변화에 발 빠르게 대처하는 유리한 고지에 올라서게 된다.

다음으로 리더는 권력이나 사회적 관계가 아니라 성과에 주목해야 한다. 권력을 추구하는 사람은 개인적인 관계나 성과를 희생시킨다. 사회적 관계에 지나치게 몰두하는 사람은 갈등을 피하기 위해 타협하려는 경향이 있다. 장기적으로 볼 때, 둘 모두 성과에 방해가 된다. 성과 중심적인 리더는 결과를 성취하기 위한 접근 방식을 지시해서는 안 될 뿐 아니라 성과를 자신의 공으로 돌려서도 안 된다.

때로 스칸디나비아 지역 언론은 스칸디나비아 항공의 성공을 이끈 모든 아이디어가 내게서 비롯된 것은 아니라는 사실을 '폭로'하곤 한다. 나는 이러한 폭로를 좋아한다. 내가 항상 강조하는 점을 정확하게 집어주기 때문이다. 스칸디나비아 항공은 책임을 분산하여 직원들의 창조성을 이끌어낸 덕분에 위대한 성공을 거두었다. 기업의 모든 영역에서 훌륭한 아이디어가 만들어지고, 이것이 전사적인 비전으로 흘러들어간다.

외부 컨설턴트에 대한 내 관점도 이와 같다. 나는 종종 어떤 아이디어가 외부 컨설턴트의 제안이었다고 수군대는 것을 듣곤 한다. 많은 이가 외부 컨설턴트에 의존하지 않고 문제를 해결하는 것을 마치 명예의 상징으로 여기는 듯하다. 하지만 나는 그 생각에 동의할 수 없다. 경영자가 절대적인 지식을 갖고, 완전한 통제권을 지녀야 한다는 전통적인 세계관에서 비롯된 생각이기 때문이다. 처음 가보는 위험한 해역을 항해할 때 외부 선장이 배에 함께 타도록 하는 것은 합리적이고 책임 있는 행동이다.

조직의 모든 의사 결정을 독점하려는 경영자에게는 외부 컨설턴트를 의사 결정 과정에 참여시키는 방식이 명예롭지 않게 느껴질지도 모른다. 하지만 내가 여기서 제시한 방식에 따라 조직을 재편하고자 한다면, 경영자는 기업의 전반적인 방향을 바꿔야만 한다. 이는 전함의 경로를 변경하는 것처럼 엄청난 에너지와 지극히 전문적인 기술을 요구하는 과제다.

리더가 변화를 위해 조직 전반에 책임을 분산할 때, 모든 직원이 곧바로 각 분야의 전문가가 되리라고 기대하는 것은 바람직하지 않다. 직원들의 역할은 경영자가 만들어낸 변화 이후, 장기적으로 발전하는 것이다. 내가 직원들에게 책임을 부여했다면, 동시에 필요한 외부 자원을 끌어다 쓸 수 있도록 허락해야 한다. 그것이 재무 전문가든 조직 컨설턴트든 광고대행사든 말이다.

좋은 아이디어라면 누가 낸 것이든 상관없다. 중요한 것은 어떤 아이디어든 효과를 발휘하는 것이다. 오늘날 스칸디나비아 항공은 이러한 생각을 바탕으로 고객에게 만족스러운 서비스를 제공할 만한 탄탄한 조직력을 갖추고 있다.

5장

우리의 고객은
누구인가?

놀랍게도 많은 경영자가 목표와 전략을 먼저 세운 다음에 비즈니스 환경과 고객의 요구를 조사한다. 일의 앞뒤가 바뀌었다. 자신이 일하는 환경과 고객의 요구에 대한 분명한 그림이 없는 상태에서 어떻게 목표와 전략을 수립할 수 있단 말인가? 많은 기업이 거꾸로 계획을 수립했다는 사실을 뒤늦게 깨닫지만 때는 이미 너무 늦었다.

한번은 미국에 기반을 둔 한 항공사의 사장을 만나 합작 투자에 관해 논의한 적이 있었다. 미국의 어느 주요 공항에 있는 터미널을 함께 사용하여 각 항공편을 이용하는 승객을 위한 서비스 시스템을 연계하는 사업이었다. 우리는 미국에 최고의 서비스 터미널을 만들겠다는 목표를 세우고 합작 투자에 6-7천만 달러를 투자할 생각이었다. 상대편 항공사도 열정적인 모습을 보였다. 두 회사의 사장이 만나기 전에 이미 경영진 차원에서 상당한 시간을 들여 물밑 접촉까지 마친 터였다.

그러나 5분간 이야기를 나눈 뒤, 나는 상대방이 승객을 위한 서비스 개선에 투자할 생각이 없다는 사실을 간파했다. 그는 터미널이 '화려한 왕궁'보다는 벙커와 같은 곳이어야 한다고 아무렇지 않게 말했다. 그러고는 최근 선보인 항공 기술의 발전으로 이야기 주제를 돌렸다. 나는 30분 동안 그의 이야기를 들었지만, 우리가 함께할 파트너가 아니라는 사실만 점점 분명해질 뿐이었다.

얼마 전 나는 아메리칸 항공의 최고 경영자인 밥 크랜들을 방문했다. 규제가 완화된 미국 시장에서 아메리칸 항공이 어떻게 대처하고 있는지 알기 위함이었다. 밥은 자신의 기업이 시장에서 어떤 위치를 차지하는지, 어떻게 대도시를 중심으로 하는 터미널 시스템을 구축했는지, 어떻게 시장에 접근하기 위한 정보 및 의사소통 시스템을 구축했는지를 알려주었고 업무 시간의 30퍼센트를 직원 소통에 할애하고 있다는 이야기도 덧붙였다.

그렇게 두 시간이나 이야기를 나누는 동안 놀랍게도 밥은 비행기에 관해서는 한마디도 하지 않았다. 결국 나는 밥에게 최근에 어떤 기종을 들여왔는지 물었다. 그러자 그는 놀란 듯 나를 쳐다보고는 이렇게 말했다. "비행기요? 무슨 말씀이신지요? 아메리칸 항공은 비즈니스에 필요한 것만 사들입니다."

앞서 소개한 첫 번째 회사가 지금 적자에 허덕이고 있는 반면, 아메리칸 항공은 지금도 미국에서 가장 수익성 높은 항공사 중 한 곳이라는 사실은 굳이 언급하지 않아도 될 것 같다. 이 극적인 차이는 무엇 때문일까? 첫 번째 항공사의 경영자는 제품 중심 철학으로 무장하고 있었다. 반면 밥 크랜들은 규제가 철폐된 시장에서 살아남으려면 고객 만족을 높여야 한다고 믿었다. 그리고 실제로 고객 중심의 기업으로 도약하기 위한 비즈니스 전략을 수립했다.

밥 크랜들은 다른 항공사와는 달리 많은 리더가 간과하는 첫 번째 단계를 실행에 옮겼다. 밥은 비즈니스 환경을 조사하고 고객에게 필요한 것이 무엇인지를 먼저 확인했다. 이러한 정보를 바탕으로 시장에서 고객의 요구를 충족하기 위한 비즈니스 전략을 수립했고, 이 전략을 실행에 옮기기 위해 조직을 합리적인 형태로 재편했다.

놀랍게도 많은 경영자가 목표와 전략을 먼저 세운 다음에 비즈니스 환경과 고객의 요구를 조사한다. 일의 앞뒤가 바뀌었다. 자신이 일하는 환경과 고객의 요구에 대한 분명한 그림이 없는 상태에서 어떻게 목표와 전략을 수립할 수 있단 말인가? 많은 기업이 거꾸로 계획을 수립했다는 사실을 뒤늦게 깨닫지만 때는 이미 너무 늦었다.

오늘날 경쟁이 점점 치열해지고 서비스에 대한 관심이 높아지는 것을 감안할 때, 가장 먼저 할 일은 고객 중심 관점을 확립하는 일이다. 어떤 면에서 이 말은 고객의 관점에서 기업을 바라보고 자신이 어떤 시장에 있는지 확인하라는 뜻이다. 예를 들어 스칸디나비아 항공은 항공 산업에 종사하고 있는가? 아니면 가장 안전하고 효율적인 방식으로 승객을 수송하는 서비스 산업에 종사하고 있는가? 올바른 대답은 분명 후자가 될 것이다.

이 대답은 최고의 서비스를 제공하기 위해 조직을 어떻게 구축할지 알려줄 것이다. 포드와 GM은 자동차 산업에 있는가? 아니면 사람들에게 이동 수단을 제공하는 서비스 산업에 있는가? 스스로 자동차 산업에 속해 있다고 판단한다면, 첨단 디자인과 공기역학 그리고 연비, 다시 말해 자동차 자체에 최대한 집중해야 할 것이다.

하지만 육상수송 서비스 산업에 속해 있다고 생각한다면? 그래도 여전히 자동차를 파는 데 집중해야 할까? 고객의 관점에서 다시 생각해보자. 언제 어디서나 곧바로 자동차를 이용할 수 있는 서비스를 파는 건 어떨까? 고객은 택시를 부를 때, 그 택시가 포드인지 쉐보레인지는 중요하게 생각하지 않는다. 고객들이 요구하는 것은 단지 더 좋은 서비스다.

그렇다고 포드와 GM이 자동차에 집중하지 않아도 된다고 말하려는 것은 아니다. 하지만 핵심은 분명하다. 우리가 하드웨어 자체를 넘어 서비스를 제공하는 산업에 속해 있다는 사실이다. 고객에게 집중할 때 이 사실이 더 분명하게 드러난다.

마찬가지로 은행은 더 이상 돈을 취급하는 산업에 속하지 않는다. 이제 은행은 경제적 거래에 관한 정보 흐름을 관리하는 데 기반을 두고 있다. 이러한 판단에 따라 기업의 서비스를 새롭게 정의하지 않는 은행은 곧 시장에서 쫓겨날 것이다.

일단 기업의 고객이 누구인지 확인할 수 있다면, 자신이 실제로 어느 산업에 속하는지 판단할 수 있다. 쉽게 들리지만, 피라미드 맨 꼭대기에 앉아 있는(현장에서 일하지 않고 고객과 일상적으로 접촉하지 않는) 사람에게는 결코 쉽지 않은 일이다.

빙레소르 시절에 노인들이 여행 산업에서 중요한 고객으로 떠오르고 있다는 사실을 발견했다. 우리는 패키지 여행으로 그들을 끌어들이기 위한 방안을 마련했다.

우리(나처럼 서른 살이 갓 넘은 경영진)는 노인들이 해외여행에 불안감을 느끼고 다른 스웨덴 노인들과 같은 호텔에 묵기를 원할 것이라고 예상했다. 새로 사귄 친구들과 시간을 보낼 수 있는 응접실, 특별한 스웨덴 커피메이커와 원두를 갖춘 부엌이 딸린 호텔 말이다. 물론 스웨덴 보드 게임과 카드도 구비해둘 참이었다.

또한 의료 훈련을 받은 사람을 여행 가이드로 앉혀야 된다고 생각했다. 물론 가이드는 세상 물정에도 밝아야 했다.

친절한 간호사 같은 분위기도 풍겨야 했다. 입맛이 까다로운 고객을 위해 스칸디나비아 요리를 제공하는 몇몇 인근 레스토랑도 봐두었다. 또 우리는 노인들이 해변에서 즐기는 일광욕보다 관광을 더 좋아할 것이라고 생각해 자주 화장실을 갈 기회가 있는 짧은 외출 시간을 일정에 집어넣었다.

우리는 새로운 여행 상품에 자신이 있었다. 그럼에도 노인들이 실제로 우리 상품을 어떻게 생각하는지 확인해보기로 했다. 우리는 다과를 준비해 스톡홀름 은퇴 클럽에 속한 노인 15명을 초대했다. 모두가 자리에 채 앉기도 전에 한 사람이 입을 뗐다.

"세인트어거스틴 해안에 있는 뉘아스베리예를 내버려두고 도로 맞은편에 있는 몬트로호로 모두 몰려가는 것은 참으로 잘못된 선택입니다. 어쨌든 카나리 제도를 방문할 때 사람들이 원하는 것은 호텔 수영장에 앉아 있는 게 아니라 해변을 즐기는 것이니까요."

그 작은 노부인은 여행 경험이 아주 많은 사람인 듯 보였다. 하지만 그녀의 주장이 꼭 전체 의견과 일치한다는 법은 없었다.

또 다른 여성이 말을 이어받았다. "저는 왜 메다로를 건너뛰고 테네리페 남쪽 해안에 있는 로스 크리스티아노스와 플라야 데 라스 아메리카스에서 출발하는지 모르겠어요. 메다로는 흥미로우면서도 원시적인 곳이죠. 제게 잘 맞아요."

그녀의 의견 역시 전체의 의견은 아니었다.

다음으로 한 신사가 이렇게 설명했다. "저는 이렇게 여행합니다. 신문 광고에서 싼 여행을 찾죠. 기간은 일주일을 넘지 않는 걸로요. 길어지면 피곤하니까요. 그리고 여행에서 돌아오면 신문을 뒤져 다시 떠날 수 있는 또 다른 값싼 여행을 찾는답니다."

이쯤 되니 이들은 과연 어떤 사람들일까 궁금했다.

다음으로 또 한 사람이 이야기를 시작했다. "멕시코요. 멕시코는 꼭 가봐야 할 곳이에요. 스리랑카와 감비아 등 많은 곳에 가봤지만, 멕시코야말로 정말로 흥미진진한 곳이니까요."

이야기는 계속되었지만 결국 단 한 사람도 우리의 멋진 상품에 관심을 보이지 않았다. 우리는 그들이 빙레소르에 와준 것에 감사를 표하고는 곧장 그들의 의견을 잊어버렸다. 그러고는 10만 달러를 들여 커다란 글씨가 돋보이는 화려한 브로슈어를 제작했다. 어떻게 되었겠는가? 우리 가이드들은 연금 생활자 고객을 기다렸지만 결국 아무도 나타나지 않았다.

이는 시장 현실에서 동떨어진 채 피라미드의 맨 꼭대기에 앉아서 자신이 생각하기에 고객을 만족시킬 수 있는 상품을 개발할 때 벌어지는 상황이다. 그 노인들의 이야기에 진심으로 귀를 기울였다면 혹은 경험 많은 판매자나 노인들을 잘 아는 가이드의 제안에 귀를 기울였다면, 활동적인 라이프스타일을 추구하는 호텔에 노인 고객과 젊은 고객을 함께 묵게 하는 상품을 개발했을 것이다.

고객이 진정으로 원하는 게 무엇인지 먼저 확인한 후에 비즈니스 목표와 이를 달성하기 위한 전략으로 눈을 돌려야 한다. 목표가 복잡할 필요는 없다. 목표가 무엇이든 반드시 고객을 향한 것이어야 하고, 우리는 목표를 기준으로 삼아 전략과 성과를 측정해야 한다.

1981년 내가 스칸디나비아 항공에 왔을 때, 우리는 비즈니스 승객을 위한 세계 최고의 항공사가 되겠다는 목표를 세웠다. 당시 스칸디나비아 항공은 네 대의 에어버스(국내선이나 근거리 국제선을 위한 중단거리용 대형 수송기) 기종을 인수했다. 현대적인 기술로 만들어져 널찍한 실내를 자랑하는 대형 여객기였다. 네 대의 에어버스를 사들이는 데만 1억 2천만 달러가 들었다. 게다가 이미 여덟 대를 추가 발주한 상황이었다.

주요 항공사에게는 낯설지 않은 대규모 구매 전략이었다. 민간 항공이 시작된 이후로, 스칸디나비아 항공을 비롯한 모든 항공사가 기존 항공기를 비교적 낮은 비용으로 승객을 수송할 수 있는 최신 모델로 교체해왔다. 새로운 기종이 나오자마자 그것을 구매하는 전략은 항공사 경영자들 사이에서 일종의 관행이 되었다.

스칸디나비아 항공이 에어버스를 도입한 것은 승객 증가율이 7퍼센트에서 9퍼센트로 상승하고, 화물 역시 그만큼 증가한다는 예측 때문이었다. 그러나 석유 파동의 충격으로 시장이 얼어붙고 말았다. 스칸디나비아 항공이 스톡홀름에서 유럽 대륙 전역의 주요 도시로 에어버스를 운항하기 위해서는 코펜하겐 공항에서 환승을 하면서 좌석 이용률을 높이는 방법뿐이었다. 고객들은 스칸디나비아의 도시에서 유럽 대륙을 직항으로 운행하는 항공편을 원했지만 그러기에는 에어버스 규모가 너무 컸다.

시장이 매년 꾸준히 증가할 것이라고 기대하는 항공사 경영자에게, 새로운 항공기에 끊임없이 투자하는 접근 방식은 합리적인 선택이다. 실제 이런 방법으로 스칸디나비아 항공은 17년 연속 수익을 기록했다. 그러나 시장이 정체기에 접어들 때는 다르게 접근해야 한다. 우리는 고객, 즉 비즈니스 승객의 입장에서 생각해야 했다. 그들의 관점에서 바라본 그림은 완전히 달랐다.

우리가 보기에 에어버스를 경제적으로 운영할 유일한 방법은 고객에게 제공하는 서비스 수준을 낮추는 것밖에 없었다. 스톡홀름과 스칸디나비아 외부 지역에 있는 비즈니스 승객들은 어떤 쪽을 더 선호할까? 넓찍하지만 운항 횟수가 적고 코펜하겐을 경유하는 에어버스를 원할 것인가? 아니면 스톡홀름이나 오슬로를 비롯한 스칸디나비아의 도시와 유럽 대륙의 주요 도시 사이 직항 서비스를 더 자주 제공하는 DC-9 기종을 선호할 것인가?

대답은 분명했다. 나는 직원들에게 이렇게 말했다. "에어버스 운항은 당분간 보류합시다. 대신 DC-9을 계속 사용하겠습니다."

많은 직원이 이 말에 깜짝 놀랐다. 마치 새 공장을 지어놓고 첫날에 문을 닫으라고 말하는 것과 같았다. 하지만 이야말로 합리적인 판단이었다. 물론 에어버스가 좋은 비행기가 아니라는 말은 아니다. 분명히 훌륭한 비행기다. 실제로 우리는 자체 항공편에서 에어버스를 사용하지 않기로 결정한 후, 이를 전세기로 임대하고 있다. 그러나 스칸디나비아 지역 비즈니스 승객으로 구성된 제한된 시장에서 경쟁력을 유지하기 위해서는 직항 노선을 자주 운항할 수밖에 없다. 에어버스로는 불가능한 이야기였다.

에어버스 사례는 생산 중심적 철학과 고객 중심적 철학 사이의 차이를 극명하게 보여준다. 전통적인 생산 중심 기업은 생산하거나 투자하고(즉, 항공기를 구매하고) 다음으로 그 시설에 맞게 사업을 운영한다.

항공 산업 초창기에는 이러한 방식도 문제가 없었다. 비행기 여행은 여러 불편을 감내하더라도 충분히 해볼 만한 가치가 있는 경험이었다. 사람들은 좋은 서비스보다 새로운 경험에 초점을 맞췄다. 그에 따라 항공사들은 항공기 개발에 집중해야 했다. 새로운 모델은 곧 놀라운 생산성 향상을 의미했기 때문이다. '국적기'라는 개념이 등장한 것도 바로 이 무렵이었다. 각국 항공사들은 비록 일주일에 한 번만 운항하는 한이 있어도 자신들의 국기를 내걸기 위해 최대한 많은 취항 지역을 확보하려고 했다.

예를 들어 1960년에 스칸디나비아 지역의 사업가는 스칸디나비아 항공을 이용해서 시카고나 리우에 가고자 할 때, 가능한 항공편에 맞춰 여행 계획을 세웠다. 충성스러운 스칸디나비아 항공 고객은 어떻게든 우리의 일정에 기꺼이 맞추려고 했다. 다른 운송 수단은 시간이 너무 오래 걸렸고, 항공기 선택에서 애국심을 느끼기도 했기 때문이다.

지금은 정반대다. 비즈니스 승객은 출장 계획을 세울 때, 회의 일정을 먼저 잡고 그 일정에 맞는 항공편을 예약한다. 스칸디나비아 항공에 적절한 항공편이 있으면 우리와 함께하겠지만 그렇지 않을 때는 다른 항공사를 이용할 것이다. 그렇기 때문에 스칸디나비아 항공은 직항을 자주 운영할 만 큰 승객 수가 충분한 노선에 집중하고 있다. 이는 우리가 에어버스나 747과 같은 대형 여객기를 운영하지 못하는 이유이기도 하다. 고객 중심의 새로운 관점은 상품이 아니라 시장과 함께 시작한다. 다음으로 고객에게 최고의 상품을 제공하기 위해 생산 수단을 조율한다.

에어버스 운항을 보류했던 것처럼, 우리는 새로운 세대의 항공기가 계속 출시되었음에도 오히려 DC-9 기종의 수를 더 늘렸다. 우리는 연구를 하면 할수록 비즈니스 승객에 더욱 적합한 혹은 스칸디나비아 항공에 더 높은 수익을 가져다줄 만한 항공기가 DC-9밖에 없다는 결론에 도달했다. 나는 다른 항공사의 임원들에게 이렇게 물어본 적이 있다. "새로운 항공기 구매를 어떻게 결정하십니까? 기존 기종보다 수익성이 더 높습니까? 아니면 서비스 개선에 도움이 됩니까?"

그들은 내 질문에 당황하며 이렇게 답했다. "글쎄요. 그런 식으로는 생각해보지 못했습니다. 신형 항공기를 구입하는 것은 너무도 당연한 일이거든요. 기존 기종과 비교해보지는 못했습니다. 항상 이렇게 해왔으니까요."

새롭게 출시한 항공기를 연구하기 시작했을 때, 우리는 기술적인 측면에서는 놀랄 만한 발전이 이루어졌지만 승객이 탑승하는 객실에는 거의 변화가 없다는 사실을 깨달았다. 이러한 점에서 우리와 우리 고객에게 적절한 신형 항공기로 교체할 날은 아직 멀게 느껴진다.

1970년대에는 항공기의 경제적 수명이 기술적 수명보다 훨씬 더 짧았다(그랬기 때문에 기술적 수명이 다하기 한참 전에 항공기를 교체하는 것이 수익성 측면에서 도움이 되었다). 그러나 80년대로 넘어가면서 상황이 바뀌었다. 항공기의 경제적 수명이 기술적 수명보다 더 길어진 것이다. 항공기를 앞서 교체할 경제적 이유가 하나도 없는 셈이다.

1980년대 초 신형 항공기에 대한 고객의 반응은 우리의 판단을 지지해주었다. 얼마 전 루프트한자는 기존 기종을 매끈한 신형 보잉 737기로 교체했다. 기술적으로는 앞선 항공기였으나, 고객의 입장에서 한 가지 충격적인 변화가 있었다. DC-9 기종처럼 한쪽에 3개의 좌석, 다른 쪽에 2개의 좌석이 있는 형태가 아니라 양쪽에 3개의 좌석이 있는 구조였다. 다시 말해 '중간' 좌석이 하나 더 늘어났다.

누군가 탑승 전에 중간 자리를 달라고 요청했던 마지막 때가 언제였을까? 왜 루프트한자는 여기에 6억 달러나 투자한 것일까? 루프트한자는 순수하게 생산 기술 차원에서 구매를 판단했을 것이다. 물론 신형 항공기인 737기는 최고의 선택이다. 하지만 새로운 항공기를 들여온다고 해서 서비스 기업에게 반드시 도움이 되는 것은 아니다.

DC-9으로 몇 년 더 운항이 가능할 것이라고 판단한 우리는 승객 편의성을 높일 만한 새로운 항공기 설계에 쏟을 시간을 확보했다. 서비스 측면에서 다른 항공사에 비해 실질적인 경쟁 우위를 확보할 수 있는 설계 말이다. 우리는 최고의 기술을 원했지만, 그럼에도 우리가 정말로 추구했던 것은 소위 '승객을 기쁘게 하는 비행기'(Passenger-Pleasing Plane, 줄여서 '3P')였다. 우리 경영진은 50년 전 만들어진 DC-3 이후 처음으로 가장 혁신적인 항공기, 이를테면 더 널찍한 수하물 칸, 더 넓어진 복도, 쉽게 이동하고 내리기 편한 문, 중간 좌석이 없는 구조, 미미한 기내 소음과 같은 요건을 갖춘 항공기를 사들여야 한다고 믿었다.

스칸디나비아 항공 이사회는 이에 동의했고, 우리 중 세 명(이사회 회장인 쿠르트 니콜린과 부사장인 프레데 알그렌 에릭센, 사장인 나)이 항공기 생산 기업을 찾아갔다. 그곳에서 우리는 왜 3P 항공기가 아직 개발되지 않았는지 알 수 있었다. 다른 기업과 마찬가지로 항공사 생산 기업 역시 자신들의 고객인 항공사의 요구를 충족시켜야 했다. 항공사 경영자들은 기술 혁신에만 사로잡혀 승객이 느끼는 편안함에는 별로 관심을 기울이지 않았다.

우리가 방문한 공장 가운데 시애틀에 있는 보잉도 있었다. 우리는 보잉의 경영진 전부를 만났다. 그들은 화려한 프레젠테이션을 보여주었고, 자료에는 스칸디나비아 항공 로고가 들어간 새로운 항공기의 컬러 사진도 있었다. 우리는 그들의 이야기를 주의 깊게 듣고 난 뒤 사실 최신 기종에는 관심이 없다는 뜻을 전했다. 우리는 다른 것을 원했다. 승객의 요구에 딱 맞는 항공기를 원했다. 결국 돈을 지불하는 것은 승객이 아니던가?

보잉의 경영진은 우리 이야기에 귀를 기울였지만 우리의 제안을 진지하게 받아들이지는 않는 눈치였다. 결국 그들은 우리가 '정말로' 원하는 것이 무엇인지 물었다. 그때 엔지니어 출신인 쿠르트 니콜린이 냅킨에 비행기 동체의 타원형 단면도를 그렸다. 객실 바닥은 타원형의 가장 넓은 부분, 즉 중간에 위치해 있었다. 이 말은 승객이 동체 전체 공간의 50퍼센트밖에 사용할 수 없다는 뜻이었다.

니콜린은 말했다. "타원형을 옆으로 돌려봅시다. 그리고 기내 바닥을 중간이 아니라 하부에 놓아봅시다. 이렇게 설계하면 승객이 동체 공간의 80퍼센트를 쓸 수 있습니다."

"흥미롭군요." 한 임원이 정중하게 대답했다. 그러고는 공기 저항을 비롯하여 그렇게 설계할 수 없는 다양한 기술적 요인에 대해 설명했다.

그런데 그로부터 몇 주 후 보잉의 회장이 전화를 걸어와서는 2년에 한 번씩 열리는 에어쇼 기간에 파리에서 나를 만나고 싶다는 말을 전했다. 파리에서 우리가 만났을 때, 그는 서류가방에서 도면을 한 뭉치 꺼내보였다. 우리가 시애틀을 방문한 뒤 임원들이 연구원들에게 우리가 말한 참신하면서도 애매모호한 아이디어를 공유했다고 설명했다. 그리고 연구원들은 서류로 가득한 서랍을 열어 승객의 환경을 개선하기 위한 흥미로운 아이디어를 도면으로 그려냈다.

임원들은 이렇게 물었다.

"왜 진작 이걸 보여주지 않았죠?"

연구원들은 대답했다. "아무도 요청을 안했으니까요." 사실 그들은 업무 시간에 비공식적으로 새로운 아이디어를 그려놓고 있었다. 하지만 연구원들 역시 더 좋은 탑승 환경을 위한 개발이 외면받고 있다고 생각했다.

1985년에 우리는 보잉과 손을 잡고 새로운 객실 중심 항공기를 설계하는 프로젝트에 착수했다. 1990년대 출시를 목표로 한 것이었다. 그때쯤이면 DC-9 기종의 경제적 수명이 다하리라 판단했다. 오늘날 3P 개념은 항공 산업 전반에 널리 퍼져 있으며 차세대 항공기 설계에 큰 영향을 미칠 것으로 기대된다.

이 이야기는 다시 한번 고객 중심의 접근 방식과 생산 중심의 접근 방식 사이의 차이를 잘 보여준다. 생산자들과 연구원들은 기술에 관해서만 오랫동안 이야기를 나누었다.

모든 설계는 한 마일당 좌석을 기준으로 운영 비용을 최대한 낮추는 데 초점을 맞췄다. 하지만 비록 단위당 비용이 객관적으로 최저는 아니더라도 상품 형태를 바꾸어 새로운 수익을 창출할 수 있다는 생각은 누구도 하지 못했다.

여기서 나는 보잉의 경영진이 보수적이었다고 지적하려는 게 아니다. 그들 역시 고객의 수요를 충족하기 위해 최선을 다했다. 또한 다른 항공사 경영진이 임무를 다하지 못했다고 말하려는 것도 아니다. 그들은 다만 시장이 빠르게 성장하고 경쟁이 제한적이던 시절에 익숙해져 있었을 뿐이다. 하지만 이제 상황은 달라졌다. 그만큼 우리의 생각도 새로워져야 한다.

내가 스칸디나비아 항공에 관해 더 많은 것을 알아갈수록 단지 직원의 편의 때문에 승객들에게 불편을 주는 많은 정책과 절차가 사라지지 않는다는 사실을 알고 놀랐다. 마찬가지로 놀라운 것은 우리의 고객, 즉 비즈니스 승객의 입장에서 바라보면 어떤 정책과 절차가 불편한지 쉽게 발견하고 수정할 수 있다는 사실이었다.

어느 날 아침 나는 뉴욕에서 출발해 코펜하겐 공항에 도착했다. 거기서 비행기를 갈아타고 스톡홀름으로 갈 참이었다. 짐이 많았고, 야간 비행으로 몸도 지친 상태였다. 터미널로 들어서서 스톡홀름 게이트로 가는 중앙 통로를 둘러봤다. 로스앤젤레스나 시카고, 리우로 가는 비행기는 있었지만 스톡홀름으로 가는 비행기는 없었다.

나는 스칸디나비아 항공 직원에게 스톡홀름 게이트가 어딘지 물었다. 그는 800미터나 떨어져 있는 A통로로 가라고 말했다.

나는 물었다. "왜 그 비행기가 여기에 없는 거죠? 여기 승객들은 모두 스톡홀름으로 갈 텐데요."

그는 나를 약간은 위압적인 눈빛으로 바라보더니 퉁명스럽게 대꾸했다. "여기는 대형 항공기만 들어옵니다."

나는 말했다. "그렇군요. 뉴욕에서 출발하는 비행기에서 내린 승객 대부분이 여기 코펜하겐에서 시카고행으로 갈아타나요? 그래서 대형 항공기들이 이렇게 다닥다닥 붙어 있는 건가요?"

그는 말했다. "물론 아닙니다. 여기에 있는 격납고에서 정비를 받아야 하기 때문입니다."

나는 물었다. "내가 탈 비행기는 왜 공항 반대편에 있는 거죠?"

"그 비행기를 오전에 덴마크 국내선 노선으로 사용했고, A통로가 국내선 터미널에서 가장 가깝기 때문입니다."

나는 내가 지금 A통로가 아니라 여기에 있으며, 내가 탈 비행기도 여기에 있으면 좋겠다는 것을 설명하려고 했다.

비행기의 입장에서 가장 편리한 곳에 비행기가 있다는 사실은 분명한 문제였다! 지상 관리자들은 격납고와 가장 가까운 출발 게이트 혹은 비행기가 도착한 게이트를 출구로 선택했다.

최근 많은 비즈니스 승객이 코펜하겐 공항에서 여러 통로를 급히 왔다 갔다 해야 한다는 사실에 큰 불만을 갖고 있다는 이야기를 종종 듣는다. 하지만 비행기가 몇백 미터를 이동하는 것에 불만을 갖는다는 말은 들어본 적이 없다. 최근 우리는 코펜하겐에서 더 많은 비행기를 이동시키고 있다. 예전에는 코펜하겐 공항에서 환승 승객 중 3분의 2가 여러 통로를 옮겨 다녀야 했던 반면, 지금은 3분의 1만 통로를 옮겨 다닌다. 이로써 승객의 불편함은 줄고, 우리는 여러 통로를 거쳐 오느라 오랜 시간이 걸린 승객을 기다리면서 발생하는 지연을 최소화했다.

우리가 고객의 선호를 중심으로 결정을 내린다는 사실을 보여주는 또 다른 사례는 비록 가장 멋진 항공기를 사용할 수 없었음에도 스톡홀름에서 뉴욕으로 가는 직항 노선을 개설한 일이었다.

수년 동안 스칸디나비아 항공은 뉴욕행 항공편을 두 가지 노선으로 운항했다. 하나는 보잉 747기로 스톡홀름에서 출발하여 오슬로를 경유하는 것이었고, 다른 하나는 코펜하겐에서 직항으로 가는 것이었다. 그리고 비즈니스 승객(가격이 아니라 편의성을 가장 중요하게 생각하는 승객)을 중심으로 조직을 재편한 이후로는 DC-10을 기반으로 스톡홀름에서 뉴욕으로 가는 직항 노선도 추가했다.

서류상으로는 기존 두 항로에 수익성이 없어 보였지만 일단은 일주일에 각각 두 편씩 운항을 유지하기로 결정했다. 그러나 두 달이 흘러 스톡홀름-뉴욕 직항선이 장거리 네트워크에서 가장 수익성 높은 노선으로 드러났다. 우리는 그 이유를 알아보기로 했다.

스톡홀름에서 뉴욕으로 가는 승객들은 우리 비행기를 타고 코펜하겐에서 갈아타거나 오슬로에서 머무르는 것 대신 다른 항공사를 선택해 런던이나 암스테르담에서 환승하는 것을 선호했다. 그들의 최종 목적지가 뉴욕이 아닌 미국 다른 곳일 때는 더욱 그랬다. 그곳에서 미국 여러 지역으로 가는 직항 비행기를 탈 수 있었기 때문이다.

하지만 스칸디나비아 항공이 소형기인 DC-10을 활용하여 스톡홀름에서 뉴욕으로 가는 직항 노선을 개설했을 때, 스칸디나비아 지역의 비즈니스 승객은 모두 스칸디나비아 항공을 선택했다.

비즈니스 전략을 수립하는 과정에서 종종 외면받는 한 가지 과제는 좋은 아이디어라도 기업에 적합하지 않은 아이디어는 거절할 줄 알아야 한다는 것이다. 나는 스칸디나비아 지역에서 패키지 여행 사업의 전설적인 인물이었던 사이먼 스파이스에게 이렇게 물은 적이 있었다. "왜 어린이를 위한 매력적인 방학 할인이나 특별 서비스 상품을 내놓지 않으셨나요?"

사이먼의 대답은 이랬다. "아이들을 위한 상품에 문제가 있는 것은 아닙니다. 하지만 중요한 것은 우리가 성인들의 휴가를 위한 상품, 즉 개인이나 커플을 위한 여유롭고 단순한 패키지 판매에 집중하기로 결정했다는 사실입니다. 아이들을 위한 상품은 그러한 전략과 잘 맞지 않죠."

사이먼은 검지를 들어 보이며 이렇게 덧붙였다. "얀, 좋은 거래를 성사시키는 과정에서 가장 힘든 부분은 나쁜 거래를 멀리하는 겁니다. 우리는 다른 고객에 집중하고 그들이 더 여행을 많이 할 수 있도록 독려하기로 결정했기 때문에 아이를 둔 가정에는 관심을 두지 않는 겁니다."

스칸디나비아 항공은 한 달에도 수많은 비즈니스 제안을 받고, 많은 제안이 꽤 좋아 보인다. 그러나 비즈니스 승객을 위해 최고의 서비스를 제공한다는 우리의 목표에 적합한 제안은 극소수에 불과하다. 나머지는 목표를 달성하는 과정에 필요한 에너지를 분산시킬 뿐이다.

예를 들어 모든 콧대 높은 항공사는 매년 샌디에이고에

서 열리는 국제 관광 산업 행사에 참석한다. 한번은 20명의 직원이 예전에 하던 대로 행사에 참석하겠다고 신청했지만 나는 허락하지 않았다. 왜 그랬을까? 행사가 우리의 비즈니스 전략과 맞지 않기 때문이다.

또 한번은 스칸디나비아 지역에서 출발해 시베리아를 횡단하여 도쿄로 가는 노선을 허가받았다. 전체 비행 시간을 다섯 시간이나 줄여준다는 점에서 대단히 만족스러운 결과였다. 이로써 우리는 더 많은 비즈니스 승객을 끌어모을 수 있으리라 기대했다.

그런데 누군가 앵커리지(Anchorage, 미국 알래스카주 남쪽 기슭에 있는 최대 항구 도시이자 국제 항공로의 중계지) 경유를 추가해 회항 노선의 경로를 늘리는 방안을 제시했다. 그럴 경우 일본 관광객들은 첫날 밤을 비행기에서 보낼 수 있어서 호텔비를 아끼고 곧바로 관광을 시작할 수 있었다.

실제로 아주 기발한 아이디어였지만 한 가지 문제가 있었다. 우리가 집중하는 비즈니스 전략과는 아무런 관련이 없다는 것이었다. 오히려 비즈니스 승객에게는 방해가 되는 전략이었다. 사업가들은 비행기에서 다섯 시간을 더 보내고 싶어하지 않는다. 옷이 구겨지고 피곤한 채로 공항에 내려 서둘러 회의 장소로 달려가는 것도 원치 않는다. 그들은 더 짧은 경로로 저녁에 미리 도착해 호텔에서 하룻밤을 푹 쉴 수 있기를 바란다.

제품과 기술에 우선적으로 주목하는 생산 중심적인 기업과는 달리, 서비스 중심적인 기업은 시장과 더불어 시작하고, 시장을 중심으로 모든 선택과 투자 혹은 변화에 대한 판단을 내린다.

우리가 '관광 여행사'가 되기로 선택했다면, 에어버스를 보류하고 DC-9을 계속 운항하거나, DC-10 기종으로 스톡홀름-뉴욕 직항 노선을 운영하거나 앵커리지를 경유하자는 아이디어를 거부하지는 않았을 것이다. 우리는 더 크고 새로운 기종을 들여왔을 것이며, 운항 편수를 줄이고, 더 많은 일본 관광객을 끌어모았을 것이다. 승객당 운영비와 요금 또한 낮췄을 것이다. 관광객들은 요금이 더 저렴하다면 하루 이틀은 얼마든지 기다려주었다. 하지만 우리는 비즈니스 승객에 주목했고, 그들은 불편을 감수하기보다 추가 요금을 지불하고자 했다. 비즈니스 승객에게 집중하고 그들이 원하는 것을 제공했기 때문에 우리가 선택한 전략을 확고하게 밀고나갈 수 있었다.

우리가 비즈니스 승객에게 집중한다고 해서 관광 시장을 외면하거나 무시한다는 뜻은 아니다. 오히려 반대다. 여기에 중요한 역설이 있다. 우리가 비즈니스 승객에게 더 집중할수록 관광객에게도 더 낮은 요금을 계속 제공할 수 있었다.

날짜나 출발 시간 때문에 비즈니스 승객에게 매력이 없는 항공편에는 늘 빈자리가 생긴다. 만일 시간적 측면에서 비교적 자유로운 관광객들이 빈자리를 메워준다면 우리 수익도 함께 증가할 터였다. 우리 항공사는 정상 요금을 지불하는 승객(비즈니스 승객)의 비중이 높아 이 수익만으로도 운영비용을 충당할 수 있기 때문에, 남은 자리는 '파격적인 금액'으로 일반 관광객들에게 제공했다. 비즈니스 승객이 원치 않는 좌석을 큰 폭으로 할인함으로써 우리는 더 많은 수익을 올릴 수 있다. 비행기 좌석이 가득 차면 매출이 더 높아지고, 우리는 다시 요금을 인하하는 방식으로 이익을 비즈니스 승객에게 되돌려주었다. 게다가 할인 요금이 모든 빈 좌석을 채울 만큼 충분히 낮다면 반드시 최저가일 필요도 없었다.

이것이 우리가 해오고 있는 일이다. 오늘날 스칸디나비아 항공은 유럽 시장에서 정상 요금 고객의 비중이 가장 높으며, 관광객에게 가장 낮은 요금으로 서비스를 제공하고 있다. 이를 통해 얻은 수익을 궁극적으로 우리의 주 타깃인 비즈니스 승객에게 되돌려주고 있다.

MOMENTS
OF TRUTH

6장

책임을
나누어라

모든 사람이 '관리자'가 되어야 한다는 것이 그저 허울 좋은 말처럼 들릴 수도 있지만, 나는 임원들에게(피라미드의 상층부에 있는 사람들에게) 그들의 역할이 근본적으로 바뀌었다는 사실을 일깨울 때 이 말을 사용한다. 예전에 관리자였던 경영자는 이제 리더가 되는 방법을 알아야 하고, 현장에 있는 직원들은 스스로 결정을 내릴 수 있어야 한다. 모든 직원은 '진실의 순간'에 고객에게 기업 이미지를 직접적으로 전달하는 존재다.

몇 년 전 스칸디나비아 항공
은 베르너 타르노브스키를 슈투트가르트 지역의 관리자로
임명했다. 옛 조직 구조를 그대로 물려받은 베르너는 세 가
지 목표를 세웠다. 첫째, 서비스 품질을 희생하지 않으면서
비용을 절감할 것. 둘째, 직원의 생산성을 끌어올릴 것. 셋
째, 더 유연한 조직을 만들 것.

슈투트가르트 지부는 두 곳에 사무실을 두고 있었다. 하
나는 도심에 있는 발권 사무실로 베르너와 다른 관리자가
있는 곳이었다. 다른 사무실은 공항 사무실이었는데, 운항
관련 직원들이 일하는 곳이었다.

사실 도심 사무소는 인근 호텔에 머무르는 스칸디나비
아 승객을 위한 만남의 장소 외에 특별한 기능이 없었다. 사
무실이 도심에 있는 터라 고객과 여행사로부터 걸려오는 전

화를 처리할 수도 없었다.

한편, 공항 사무실의 경우 시간에 따라 직원들의 업무량이 들쭉날쭉했다. 당시 스칸디나비아 항공은 슈투트가르트와 코펜하겐을 하루 한 차례만 오가고 있었다. 비행기는 저녁에 도착해서 아침에 떠났고, 스칸디나비아 항공의 화물기도 항상 아침에 경유를 했다. 즉, 낮에 근무하는 화물 담당 직원들은 할 일이 없었다.

베르너는 모든 직원과 서비스를 공항 사무실로 통합하면서 도심 사무실을 폐쇄했다. 동시에 조직을 재편했다. 베르너는 공항 사무실의 서비스 직원과 도심 사무실의 영업 직원들이 서로의 업무를 배우도록 했다. 이 상호 교육 프로그램은 직원들이 더 많은 영역에서 전문적인 지식을 가지고 다양한 업무를 할 수 있도록 하기 위함이었다.

슈투트가르트의 두 사무실에서 이루어지던 다양한 업무가 통합되었다. 영업사원들은 화물과 승객 관련 매출 전반을 책임진다. 모든 직원이 전화에 응대하고, 항공권을 판매하고, 수속을 돕고, 고객 문제를 해결하고, 화물 점검 업무를 처리한다.

베르너가 실시한 변화 덕분에 슈투트가르트 지부는 비용을 크게 줄였다. 사무실 한 곳을 폐쇄하고 직원들의 생산성을 높인 덕분이었다. 그보다 중요한 것은 서비스 품질이 떨어지지 않았다는 사실이다. 실제로 서비스는 더 나아졌을 것이다. 조직이 더욱 유연해졌기 때문이다. 이제 모든 직원이 서로의 업무를 파악하고 문제를 빠르게 처리할 수 있게 되었다. 많은 직원에게 업무가 즐겁고 도전적인 과제가 되었다.

슈투트가르트 이야기는 전통적인 조직의 피라미드 구조를 허무는 시도가 얼마나 효과적인지를 잘 보여준다. 고객 중심 기반을 구축하고 '진실의 순간'에 긍정적인 인상을 보여주고 싶은 모든 비즈니스 조직은 피라미드를 허물어야 한다. 다시 말해 책임의 수직 구조를 제거함으로써 고객의 요구에 직접적이고 즉각적으로 응대해야 한다. 고객 중심적 기업은 변화에 항상 대비하고 있다.

'관리'는 이제 경영진에서 각자가 관리자가 되는 업무 현장으로 넘어가야 한다. 문제가 발생했을 때, 모든 직원은 혼자서든, 동료의 도움을 받아서든 상황을 파악하고, 적절한 행동을 결정하고, 행동이 제대로 실행에 옮겨졌는지 확인할 수 있어야 한다.

모든 사람이 '관리자'가 되어야 한다는 것이 그저 허울 좋은 말처럼 들릴 수도 있지만, 나는 임원들에게(피라미드의 상층부에 있는 사람들에게) 그들의 역할이 근본적으로 바뀌었다는 사실을 일깨울 때 이 말을 사용한다. 예전에 관리자였던 경영자는 이제 리더가 되는 방법을 알아야 하고, 현장에 있는 직원들은 스스로 결정을 내릴 수 있어야 한다. 모든 직원은 '진실의 순간'에 고객에게 기업 이미지를 직접적으로 전달하는 존재다.

피라미드를 허물면서 승객에게 얼마나 더 좋은 서비스를 제공하게 되었는지에 관한 다음 이야기를 읽어보라.

당신은 지금 스톡홀름에서 뉴욕으로 가는 스칸디나비아 항공편에서 기내식으로 채식 식단을 미리 주문할 수 있는지 알아보고 있다. 먼저 조심스럽게 수속 카운터로 가서 기내 식사가 가능한지 물어본다.

카운터 직원은 한숨을 쉬며 이렇게 말한다. "모르겠습니다. 죄송하지만 제가 지금 바빠서요. 저는 기내식 서비스에 관해서는 잘 모릅니다."

당신은 다시 묻는다. "그렇다면 어떻게 해야 할까요?"

그녀는 이렇게 대답한다. "탑승 게이트에 가서 한번 물어보세요. 아마 도움을 줄 겁니다."

그러고는 재빨리 다음 승객의 업무로 넘어간다. 당신은 할 수 없이 탑승 게이트로 가서 다시 묻는다.

게이트 직원은 친절하다. 하지만 기내식에 관해 모르기는 매한가지다. "도와드리고 싶지만 기내식과 관련해서는 제가 할 수 있는 일이 없습니다. 비행기에 탑승하시거든 승무원에게 한번 물어보세요. 분명 도움을 줄 겁니다."

결국 아무 성과 없이 비행기에 오른다. 승무원에게 채식 식단에 대해 묻자 당황하는 눈치다. 그녀는 채식 식단은 처음 들어봤다고 말한다. 그러고는 비행기가 곧 이륙할 예정이라 지금 할 수 있는 일은 없다고 일러준다. 승무원은 나무라듯 이렇게 덧붙인다. "좀 더 일찍 알려주셨으면 좋았을 텐데요. 저희가 제때 알았다면 문제가 없었을 겁니다."

이 이야기에서 항공사는 조직의 수직 구조 때문에 세 번이나 주어진 '진실의 순간'을 모두 망쳤다. 승객이 만난 누구도 특별한 요구를 처리해줄 권한이 없었다. 어떤 직원도 자신의 업무 범위를 벗어나 문제를 해결하려 들지 않았다.

이제 피라미드를 허물어 조직 구조가 완전히 바뀌었다고 생각해보자. 여기서는 한 업무 팀이 스톡홀름-뉴욕 항공편에서 처음부터 끝까지 모든 업무를 책임진다.

팀의 인원은 총 15명인데 그중 2명이 '관리자' 역할을 맡고 있다. 한 관리자는 실내에서, 다른 관리자는 외부에서 일한다. 실내 관리자는 앉아서 승무원들의 브리핑을 듣고 언제 탑승을 시작할지, 승객 명단에 유아나 장애인이 있는지, 누군가 특별 식단을 주문하지는 않았는지 확인하고 전달한다.

오전에 실내 팀은 수속 카운터에 모여 승객들의 발권 문제를 해결하고, 좌석을 배정하고, 깨지기 쉬운 수하물을 관리한다. 한 여성이 아기를 데리고 오면 미소로 맞이하면서 기내에 유모차가 비치되어 있으며 옆 좌석은 최대한 비워놓겠다고 설명한다.

당신이 수속 카운터에 도착해 채식 식단에 관해 물을 때, 발권 직원은 다음 승객을 처리하기 위해 당신을 무시하지 않는다. 새로운 업무 분장 덕분에 당신의 요청은 발권 직원의 책임이 되었다. 발권 직원은 채식 식단이 기내에 반입되었는지 확인하고, 그렇지 않다면 당신이 비행기에 탑승할 때까지 반입되도록 조치한다.

많은 사람이 탑승 수속을 마치면 스칸디나비아 항공 팀은 점차 출발 게이트로 이동한다. 직원들은 게이트 앞에 서서 승객과 인사를 나눈다. 그들은 뉴욕행 일정에 관해 잘 알고 있으며 모든 일반적인 질문에 대답할 준비가 되어 있다. 가령 존 F. 케네디 국제공항에서 라구아디아로 어떻게 이동하는지, 왜 오슬로를 경유하는지, 그린란드 상공을 지날 때 기장이 안내 방송을 하는지 등등의 질문이다.

문제는 발생하는 즉시 현장에서 처리된다. 어떤 직원도 상사의 허락을 기다릴 필요가 없다. 비행기에 오르면서 걱정이나 불만을 드러내는 승객은 하나도 없다.

더 나아가 직원들에게 더 많은 책임을 부여하면서, 경영진은 직원들이 항상 원했지만 경직된 구조 때문에 할 수 없었던 서비스를 제공하도록 허용한다.

예를 들어 기내 방송을 생각해보자. 예전에는 스칸디나비아 항공에서 배포하는 규정집에 승무원이 읽어야 하는 문구가 그대로 실려 있었다. 그러나 이제는 직원들에게 어느 정도 자율권이 주어졌다. 직원들은 대본 대신 승객과 당시 상황에 어울리는 문제를 재료 삼아 즉흥적으로 안내 방송을 할 수 있었다.

실제로 직원들이 자율성을 발휘했을까? 적어도 한 명은 틀림없이 그랬다. 1982년 9월 20일 아침(사회민주당이 6년 만에 정권을 잡았던 바로 다음 날) 스톡홀름에서 코펜하겐으로 가는 항공편에서 기장은 마이크를 들고 이렇게 말했다. "동지들, 안녕하십니까?" 그리고는 유쾌하게 정치 풍자를 이어나갔다.

어떤 규정집에도 사회민주당이 승리한 다음 날 아침에 사업가들로 가득한 기내에서 어떻게 안내 방송을 해야 하는지 나와 있지 않았다. 자유가 주어지고 책임을 부여받았을 때, 기장은 승객들이 쉽게 잊지 못할 '진실의 순간'을 창조해냈다.

또 다른 사례도 있다. 한 호기심 많은 일반석 승객이 일등석 기내를 엿보고 있었다. 이 모습을 지켜본 사무장은 승객을 일등석 객실로 불러 기내를 둘러보게 했다. 그다음에 조종석까지 구경시켜주고 승객에게 음료수를 대접했다. 승객은 이렇게 물었다. "요즘 스칸디나비아 항공에서 일하는 건 좀 어떠십니까?"

"최고입니다. 완전히 새로운 회사에 있는 것 같아요."

"특별하게 어떤 점이 그런가요?"

"누구의 허락을 받지 않고, 차후에 사유서를 쓸 필요도 없이 승객을 여기로 안내해서 음료수를 대접할 수 있다는 점이죠."

물론 스칸디나비아 항공에서 일어난 조직의 변화가 언제나 부드럽고 자연스럽지만은 않았다. 내가 사장으로 막 부임했을 때, 스칸디나비아 항공의 재정적 문제를 서둘러 해결하고 싶은 마음이 강했다. 이 때문에 조직 구조를 너무 급격하게 수평적으로 바꾸었다가 문제가 발생하기도 했다.

우리는 변화의 효과를 우리 눈으로 확인하기 위해 중간 관리자들을 건너뛰고 현장 직원들과 직접 소통했다. 현장 직원들 역시 중간 관리자를 건너뛰고 경영진에게 직접 도움을 요청했다. 우리는 현장 직원이 개별적으로 의사 결정을 내릴 수 있다는 사실을 강조하는 메시지를 재차 조직 전체에 전달했다. 경영진과 현장 직원들은 놀라운 성과를 직접 확인했기 때문에 조직 전반에 걸쳐 모든 게 잘 돌아간다고 생각했다.

하지만 조직 내에서 현장 직원들이 새로운 역할을 받아 급부상하는 것에 혼란을 느낀 중간 관리자들은 불만을 갖고 흐름에 역행했다. 우리는 중간 관리자들을 완전히 생소한 환경으로 몰아넣었다. 중간 관리자들은 경영진과 현장 직원 양측으로부터 압박을 받았다. 경영진은 이들의 기대나 경험과는 맞지 않는 명령을 내렸다. 이들은 경영진의 지시를 들었지만 이를 현장에 어떻게 전달해야 할지 알지 못했다. 밑에서는 의사 결정을 위한 책임과 권한에 대한 요구가 몰려왔고 중간 관리자들은 자신의 자리가 위협받는다는 불안감을 느꼈다.

우리는 중간 관리자들에게 현장으로 나가 직원들의 목소리에 귀를 기울이라고 당부했다. 즉, 직원들이 무엇을 필요로 하는지 알아보라고 했다. 하지만 관리자들은 자신의 역할이 단지 지원에 그친다는 사실을 받아들이지 못했다. 특히 예전에 자신의 부하라고 생각했던 직원들을 지원해야 할 때에는 더욱 그랬다. '지원'이란 단어 속에는 관리가 아니라 요구에 부응한다는 의미가 담겨 있다. 다른 기업과 마찬가지로 스칸디나비아 항공에서도 지원과 서비스 업무는 하급 직원의 몫이라는 인식이 있었다. 승진은 고객에게 서비스를 제공하는 역할에서 벗어나 관리 업무로 이동한다는 뜻이었다.

우리가 조직을 재편한 후에도 중간 관리자들은 여전히 규정집을 끼고 사무실에 눌러 앉았다. 그리고 현장 직원들이 고객에게 도움을 제공하기 위해 '규칙을 위반'할 때, 중간 관리자들은 자연스럽게 직원들의 행동을 제지하곤 했다. 물론 이러한 행태는 현장 직원들의 분노를 샀다.

책임을 분산하는 새로운 전략이 현장에서 큰 성공을 거두었음에도, 중간 관리자들의 사기를 높이기 위한 방법을 발견하기까지 힘든 시간이 이어졌다. 한번은 미국에서 스웨덴으로 오면서 터미널에 들어섰을 때 혼란스러운 상황을 목격한 적이 있었다. 수하물 벨트와 항공편을 표시하는 모니터가 고장 나 있었고 사람들은 짐을 찾기 위해 미친 듯 허둥대고 있었다.

나는 안내 센터에 있는 여직원에게 혼란을 막기 위해 손으로 쓴 안내 표시판을 세워두자고 제안했다.

그녀의 대답은 이랬다. "저도 그러고 싶어요. 지난 월요일에 시스템이 고장 났고 승객들이 짐을 찾을 수 있도록 임시 안내판을 세우자고 상사에게 요청했습니다. 하지만 상사는 조만간 수리가 될 테니 안내판은 필요가 없을 거라고 얘기하더군요."

"하지만 일주일이나 지났잖아요!"

"저도 알아요! 하지만 일주일이 지난 지금도 상사는 모니터가 곧 수리될 거라고만 말하고 있어요."

나는 본사로 돌아와서 해당 부서장에게 전화를 걸어 여직원의 상사에게 두 가지 선택지를 주라고 지시했다. 하나는 그의 멋진 책상을 널찍한 사무실에서 공항에 있는 도착 터미널로 이동시키는 것이었다. 공항에서 문제를 직접 목격하고 지속적으로 의사 결정을 내릴 수 있도록 말이다. 다른 하나는 지금 자리에 그대로 있는 것이다. 하지만 그러기 위해서는 자신의 의사 결정 권한을 도착 터미널에서 일하는 현장 직원에게 넘겨줘야 한다.

이 관리자는 새로운 조직에서 자신의 역할이 바뀌었다는 사실을 이해하지 못했다. 과거에는 직원들에게 명령과 지시만 내리면 되었다. 그러나 이제 중간 관리자의 일은 직원들이 목표를 이해하도록 돕고 직원들이 도착 터미널에서 일할 때 필요한 정보와 자원을 제공함으로써 직원들이 목표를 달성하도록 지원하는 것이었다. 사무실에 앉아서 손으로 쓴 임시 표지판을 설치해야 할지 말지를 결정하는 것은 그의 일이 아니었다.

이런 문제는 당연히 경영진의 책임이었다. 우리는 중간 관리자들의 지위를 낮췄다. 현장 직원에게 책임을 받아들일 권리를 줬지만, 중간 관리자에게는 규정집에 나온 기존의 역할보다 더 나은 역할을 제시하지 못했다. 우리는 얼핏 보기에 강등처럼 보이는 상황을 어떻게 받아들여야 할지 관리자들에게 말해주지 못했다.

스칸디나비아 항공에서 있었던 조직 변화 초창기의 성공과 실패를 보여주는 또 다른 사례를 살펴보자.

어느 날 스웨덴을 경유하는 스칸디나비아 항공기가 폭설로 지연되고 있었다. 상황에 책임을 느낀 사무장은 무료로 커피와 비스킷을 제공함으로써 승객이 겪는 불편함을 조금이나마 덜어주고자 했다. 사무장은 경험상 무료로 커피를 제공하기 위해서는 약 40인분의 커피가 추가로 필요하다는 사실을 알았다. 사무장은 기내식을 조달하는 부서에 커피와 비스킷을 추가 주문했다.

하지만 스칸디나비아 항공의 기내식 책임자는 추가 주문을 허용하지 않았다. 특정 비행기에 할당된 양 이상을 요구하는 것은 규정 위반이기 때문이었다. 그러나 사무장은 포기하지 않았다. 그녀는 핀에어 비행기가 바로 옆 게이트에 와 있다는 사실을 알았다. 핀에어는 스칸디나비아 항공 기내식 사업부의 외부 고객이었고, 스칸디나비아 항공의 내부 규정을 적용받지 않았다.

스칸디나비아 항공 사무장은 머리를 굴렸다. 핀에어 항공기에서 일하는 동료에게 가서 40인분의 커피와 비스킷을 주문해달라고 부탁한 것이다. 그는 주문을 넣었고 기내식 책임자는 규정에 따라 주문을 처리했다. 사무장은 핀에어로부터 받은 커피와 비스킷을 승객들에게 대접했다.

이 사례에서 사무장은 고객의 요구를 충족시키기 위해 규정을 역으로 이용했다. 예전 시스템에서는 시도하지 못했을 일이었다. 한편 기내식 책임자는 언제나 자신의 지시를 받았던 사무장이 의사 결정권을 갖는다는 사실을 이해하지 못했기 때문에 당혹감과 분노를 느꼈다.

기내식 책임자는 자신이 사무장의 권한에 의문을 제기해서는 안 된다는 것과 고객 만족을 높이기 위한 노력을 방해해서는 안 된다는 사실을 깨닫지 못했다. 물론 경영진이 그것을 충분히 설명하지 못했기 때문이다. 사무장은 '진실의 순간'에 재빨리 움직였고, 고객을 감동시킬 기회를 놓치지 않았다. 물론 상사에게 요청할 수도 있지만 그럴 경우, 관료적인 절차 때문에 비행기가 출발한 뒤에도 문제는 오랫동안 해결되지 않았을 것이다. 기내식 책임자는 이후 사무장의 판단에 이의를 제기할 수 있다. 그러나 어느 누구에게도 진실의 순간을 가로막을 권한은 없다. 절호의 기회에 고객에게 서비스를 제공하는 것은 현장 직원의 책임이다. 그리고 직원들이 그렇게 할 수 있도록 허용하는 것은 중간 관리자의 책임이다.

우리는 평평해진 피라미드가 어떤 결과를 내는지 더욱 분명하게 이해했고 중간 관리자들에게 새로운 역할을 전달했다. 모든 세부적인 일은 기업의 성공을 달성하기 위한 전반적인 목표에서 시작한다. 경영진이 목표를 세우면 중간 관리자가 목표를 전달받은 후 현장 직원이 성취할 수 있는 일련의 작은 목표로 나눠야 한다. 그 과정에서 중간 관리자의 역할은 관리에서 지원으로 바뀐다.

사람들은 때로 책임을 위임할 때 자신의 영향력을 잃는다고 생각한다. 그러나 절대 그렇지 않다. 실제로 분산된 조직이 원활하게 돌아가기 위해서는 중간 관리자의 역할이 반드시 필요하다.

현장 직원의 사기를 높이고 업무를 지원하기 위해서는 경험과 지식이 풍부한 중간 관리자의 조언과 정보, 지적과 칭찬, 알맞은 교육이 필수적이다. 관리자의 권한은 두루뭉술한 전략을 현장 직원이 따를 수 있는 실무적인 지침으로 전환하고, 목표 달성을 위해 업무 현장에 필요한 자원을 제공하는 것이다. 이를 위해서는 창의성을 발휘하여 자원을 운용하고 합리적인 비즈니스 계획을 수립해야 한다.

예를 들어 중간 관리자는 화물 담당 직원에게 승객들이 도착하기 전에 수하물을 컨베이어 벨트로 옮기라고 지시할 수 있다. 그러면 담당 직원은 이렇게 대답할 것이다. "알겠습니다. 하지만 그러려면 세 대의 트럭과 일곱 명의 추가 인력이 필요합니다." 다시 말해 그는 중간 관리자에게 이렇게 말한 것이다. "지시하신 과제를 처리하도록 하겠습니다. 하지만 이를 위해서는 제게 필요한 자원을 제공해주셔야 합니다." 이것이 바로 중간 관리자의 몫이다.

민감한 사안일 경우, 중간 관리자는 예산을 새롭게 편성할 줄 알아야 한다. 창조적이고 용감한 관리자라면 예산 범위를 넘어서더라도 더 나은 결과를 보여주기 위해 노력할 것이다. 조직 개편을 이해하지 못한 중간 관리자는 기존 예산 범위를 벗어날 경우 직원의 요구를 즉각 묵살해버릴 것이다.

여기서 중요한 점은 중간 관리자들이 시장의 관점에서 추가적인 비용 지출로 얻을 수 있는 이익을 계산해야 한다는 것이다. 투자와 비즈니스 승객의 요구를 충족시키겠다는 전략이 조화를 이룰 경우, 중간 관리자는 직원의 요청을 받아들여야 한다. 하지만 그렇지 않을 경우, 전략과 조화를 이루는 서비스를 위해 자원을 아껴두어야 한다.

조직은 고정된 규칙을 강요하는 것이 아니라 성과를 내기 위한 전반적인 책임을 직원에게 부여함으로써 그들의 기술을 계발할 수 있다. 이와 관련해서 다른 사례를 자세히 들여다보자.

비즈니스 승객이 항공사를 선택하는 과정에서 가장 중요하게 여기는 기준은 일정이다. 즉, 항공편이 자주 있어야 하고 편리해야 한다. 두 번째는 시간 엄수다. 비행기는 반드시 정시에 출발해야 한다.

내가 스칸디나비아 항공으로 왔을 때, 정시 출발에 관한 우리 회사의 평판이 급격하게 나빠지고 있었다. 승객들의 반응만 봐도 알 수 있었다. 비행기 출발이 종종 지연되었기 때문에 승객들은 출발 시간이 임박하거나 지나서 공항에 도착하는 데 익숙했다. 일찍 도착해도 연기된 시간만큼 기다려야 했기 때문이다. 직원들조차 서두르지 않았다.

시간 엄수에 대한 많은 논의가 있었지만 효과는 없었다. 개선을 위한 제안은 거부되었고, 시간을 엄수하려면 더 많은 직원과 예비 항공기가 필요하며, 이를 위해서는 돈이 많이 든다는 논의만 계속 이어질 뿐이었다.

논의 과정에서 우리는 시간 엄수에 관해 아무도 온전히 책임을 지지 않는다는 사실을 확인했다. 따라서 우리는 시간 엄수를 책임질 조직을 모색했다.

코펜하겐에 위치한 운항통제센터는 비행기가 예정된 위치에 있는지, 승무원들이 소집되어 있는지 등을 확인하는 임무를 수행했다. 우리는 운항통제센터의 센터장인 욘 쉘베스트에게 6개월 안에 스칸디나비아 항공을 유럽에서 가장 시간을 잘 지키는 항공사로 만들어달라고 요청했다. 욘은 요청을 받아들였고, 우리는 비용이 얼마나 들지 물었다.

욘은 자세한 도표 및 자료를 가지고 해박한 전문가들과 함께 스톡홀름 본사로 와서 자신의 조사에 관한 근거를 늘어놨다. 우리는 이야기를 중단시키고 결론부터 말해달라고 부탁했다. 욘은 이렇게 말했다. "180만 달러가 필요합니다. 그러면 6개월 안에 해낼 수 있습니다."

당시 스칸디나비아 항공은 손실을 기록하고 있었지만, 반년 만에 유럽에서 가장 시간을 잘 지키는 항공사가 될 수만 있다면 180만 달러는 큰돈이 아니었다. 우리는 구체적인 사항은 듣지도 않고 계획대로 추진해보라고 지시했다.

욘은 약간 당황한 표정이었다. 그가 준비했던 모든 정보와 제안에 아무도 관심이 없단 말인가? 아니었다. 다만 최종 결과에 가장 관심이 많을 뿐이었다. 결과를 위한 방법을 찾는 것은 전적으로 욘의 몫이었다.

놀랍게도 욘은 4개월 만에 목표를 달성했다. 그것도 20만 달러만으로. 어떻게 그럴 수 있었을까?

승객들은 일반적으로 도착이 아니라 출발 시간으로 정시성을 평가한다는 사실을 떠올려보면 알아채기 쉽다. 출발 시간이 지났는데도 비행기가 출발하지 않으면 사람들은 조바심을 느낀다. 욘이 주목했던 것이 바로 스칸디나비아 항공의 출발 시간이었다.

정시 출발의 주요 장애물은 우리의 지나친 배려였다. 연계 항공기가 연착할 경우, 직원들은 연착한 항공기가 도착할 때까지 출발을 지연시켰다. 어쨌든 승객을 남겨두고 떠나는 것은 좋은 서비스라고 볼 수 없었다. 그 결과 수많은 스칸디나비아 항공의 비행기들이 서로를 기다리며 지상에 머물러 있었다. 이 문제가 매일 전 세계에서 되풀이되었고 상황은 점점 나빠졌다.

그러나 일단 우리가 시간을 지키기로 결정하자 해결책은 간단해졌다. 비행기가 제 시간에 도착하지 않는 불상사가 발생해도 다른 비행기가 연계를 위해 그것을 기다리지 않기로 한 것이다. 이렇게 비행기의 연쇄적 지연을 막음으로써 정시 출발 기록을 크게 개선할 수 있었다.

승무원이 출발 시간까지 도착하지 못한 경우에도 승객들은 대체 인력이 투입될 때까지 터미널에 앉아 기다려야 했다. 그러나 이제 운항통제센터는 새로운 지시를 내린다. 최소 승무원 인원 기준을 충족하면 그냥 출발하라는 것이다. 물론 안전에 대해서는 타협이 없었지만, 정시 출발을 위해 기내 서비스가 약간 느려지는 부분은 승객들이 인내해주리라 생각했다.

기내식에도 비슷한 정책을 적용했다. 규정집에는 모든

승객을 위한 쟁반이 준비되어야 하며 하나라도 없는 경우 추가 쟁반을 가져올 때까지 출발을 지연시키라고 나와 있었다. 하지만 욘은 이 규정 또한 바꾸었다. 욘은 직원들에게 이렇게 말한다. "정시에 출발하세요. 비행기에 타기 직전에 식사를 했거나 도착 후에 식사를 하려는 승객은 언제나 있으니까요. 만약에 그런 승객이 한 명도 없을 경우, 도착 후에 식사를 제공할 수도 있습니다. 시간을 지키자면 이 정도 비용은 들일 만한 가치가 있습니다."

다음으로 욘은 '통합'이라고 하는 제품 중심적인 관행을 제거했다. 좌석이 절반밖에 차지 않을 경우 항공사는 항공편을 취소했다. 자연스럽게 승객들은 다음 항공편을 이용해야 했다. 이러한 일은 스톡홀름, 오슬로, 코펜하겐을 오가는 항공편에서 종종 발생했다. 석유 파동 당시 연료를 아끼기 위함이었다.

전년도에 스칸디나비아 항공이 통합 운항으로 260만 달러를 절약하기는 했지만, 이로 인해 승객들은 많은 불편을 겪었고 정시 출발도 제대로 지켜지지 못했다. 그래서 욘은 180만 달러를 투자해 좌석이 절반 이하만 차더라도 모든 항공편이 제 시간에 출발하도록 만들고자 했다.

그러나 욘의 혁신이 효과를 드러내면서 스칸디나비아 항공이 시간을 잘 지킨다는 평판을 되찾자 새로운 승객들이 모여들었다. 그 덕분에 좌석이 절반 이하로 차는 경우도 더 이상 발생하지 않았다.

정시 출발 캠페인에서 가장 놀라웠던 성과는 스칸디나비아 항공의 모든 구성원이 동일한 목표를 향해 달려가게 된 것이었다. 우리의 예전 목표는 항공편의 80퍼센트가 정시에 출발하는 것이었다. 이는 모두에게 어느 정도 편안함을 주었다. 20퍼센트라는 여유가 있기 때문이다. 그러니 직원들은 굳이 정시 출발을 위해 서두르지 않았다.

이제 우리는 목표는 100퍼센트 정시에 출발하는 것이다. 그에 따라 상부의 지시 없이도 모두가 좀 더 부드럽고 효율적으로 업무를 처리하기 위해 노력한다. 정시 출발은 우리 모두의 관심사가 되었다. 예전에는 어느 누구도 책임지지 않았다. 그러나 이제는 모두가 책임을 진다.

정시 출발 캠페인은 '서비스 매니저'라는 새로운 자리를 만들면서 더욱 힘을 얻었다. 서비스 매니저는 문제를 기내 승무원에게 떠넘기지 않고 지상에서 해결했는지 확인한다. 승무원과 함께 승객의 탑승도 돕는다. 많은 승객이 한꺼번에 몰려들 때, 서비스 매니저는 출발하기 몇 분 전에 탑승을 허용해야 한다는 규정을 벗어나 승객이 더 일찍 탑승하도록 융통성을 발휘한다.

우리는 기술적인 측면에서도 많은 도움을 받았다. 유지

보수 규정에 따르면 DC-9 기종을 점검하는 데 15시간에서 19시간이 걸린다. 하지만 이 역시 다른 업무와 마찬가지로 점차 시간이 늘어났다. 그래서 필요할 때 비행기를 사용할 수 없는 상황이 종종 벌어졌다. 정시 출발을 지키자면 항공기 정비를 정해진 시간에 모두 마쳐야 했다. 하지만 정비 속도를 높인다고 해서 안전 문제와 타협할 수는 없었다. 실제로는 정시 출발이 기술의 정확도를 전반적으로 높였으며, 안전에 대한 집중도 또한 높아졌다.

정시 출발 캠페인에 대한 나의 참여는 직원들, 심지어 나 자신까지 놀라게 만들었다. 하루는 여러 직원이 새로운 컴퓨터 장비를 들고 내 사무실로 들어왔다. 내가 요청하지 않은 장비로, 새로 부임한 서비스 사업부 책임자가 나를 위해 특별히 지시한 것이었다. 그는 사장이 직접 모든 상황을 점검함으로써 정시 출발에 대한 기업의 의지를 조직 전체에 보여줄 수 있다고 생각했다.

나는 그 새로운 장비로 5분에 한 번 자동 업데이트된 상황을 확인할 수 있었다. 나는 정시 출발에 관한 전반적인 흐름과 더불어 구체적인 상황도 확인할 수 있었다. 예를 들어 오슬로 지역 직원들이 굳은 날씨에도 정시 출발을 위해 애쓰는 것을 지켜볼 때, 나는 곧장 그들에게 전화를 걸어 격려의 말을 전했다. 출발이 지연될 때는 서비스 매니저에게 전화를 걸어 이렇게 물을 수 있었다. "얀 칼슨입니다. 왜 출발이 지연되는지 궁금하군요."

물론 장기적인 차원에서 어떤 비행기가 정시 출발을 하고 어떤 비행기가 지연되는지 감시하는 것은 사장의 역할이 아니다. 하지만 정시 출발 캠페인의 초기 단계에 이 일을 함으로써 스칸디나비아 항공의 모든 직원에게 우리가 정시 출발을 얼마나 중요하게 생각하는지를 전달할 수 있었다.

전반적인 과정에서 사소한 차질이 빚어지기도 했지만, 스칸디나비아 항공의 피라미드는 실질적으로 허물어졌다. 직원들은 새롭게 찾은 열정과 자신감으로 일하고 있다는 이야기를 종종 들려준다.

나는 다른 경영자들에게 조직을 가까이에서 면밀히 들여다보라고 말한다. 피라미드를 허물 때, 더 강력하고 탄력적인 조직이 되어 고객에게 한층 나은 서비스를 제공할 뿐 아니라, 직원들의 숨겨진 에너지를 이끌어낼 수 있다. 결과는 분명히 놀라울 것이다.

MOMENTS
OF TRUTH

7장

벽을 뚫고
달려라

"벽을 뚫고 달려라." 목표 달성이 불가능해 보일 수 있다. 그렇더라도 실패가 명백해질 때까지 도전을 멈추지 말자. 우리 앞에 서 있는 벽이 보기보다 거대한 것이 아닐 수 있다. 어쩌면 단단한 돌로 만든 벽이 아니라 얇고 뚫기 쉬운 종이 벽이었을지도 모른다.

스웨덴에는 로니아라는 중
세 시대 소녀에 관한 유명한 이야기가 있다. 로니아는 대대
로 원수였던 상대 가문의 소년과 친구로 지냈다. 두 가문은
절벽을 사이에 두고 있는데 낭떠러지가 너무 깊어서 아무도
감히 목숨을 걸고 건너뛰려 하지 않았다.

어느 날 로니아의 친구인 소년이 소녀의 가문이 있는 성
을 방문하게 되었다. 하지만 소년을 본 로니아의 아버지는
소년을 인질로 잡아 상대 가문을 굴복시키고자 했다.

로니아는 고민 끝에 절벽 끝에 서서 건너뛸 준비를 했
다. 무사히 건넌다면 소년의 가문에 인질로 잡혀서 양측이
똑같은 형편이 될 수 있겠지만 실패한다면 모든 걸 잃고 말
것이다. 로니아는 낭떠러지 아래로 추락할 것이고 친구의
목숨은 아버지의 뜻에 좌우될 터였다.

필요한 것은 단 하나, 용기였다. 기회는 한번뿐이다.

결국 로니아는 모든 것을 걸고 뛰었다!

로니아는 언젠가 뛰어야 할 때가 있다는 사실을 알았다. 항상 안전한 길만 선택하는 사람은 절벽을 건너지 못한다. 그들은 잘못된 편에 그대로 남아 있을 것이다.

마찬가지로 직원들과 기업도 언젠가는 도약해야 한다. 비즈니스 세상에서는 이러한 도약을 '실행'execution이라고 부른다. 전략을 분명하게 수립하면 실행은 훨씬 더 쉬워진다. 실행은 용기의 문제다. 용기는 때로 무모함에 가까우며 종종 직관과 함께한다. 결코 용기를 학습할 수는 없지만, 용감한 성향이 내면에 자리 잡고 있다면 언제든 계발할 수 있다.

리니에플뤼그와 스칸디나비아 항공에서 했던 일의 핵심 아이디어는 생소한 것도 독창적인 것도 아니었다. 다만 다른 누구도 갖지 못했던 용기를 갖고 행동에 나섰을 뿐이다. 리니에플뤼그는 요금을 인하함으로써 스웨덴의 국내선 항공 산업을 비즈니스맨을 위한 서비스에서 모두가 이용하고 싶은 서비스로 바꾸었다. 수많은 사람이 내게 이런 말을 했다. "새로운 것은 없었어요. 우리는 요금을 인하해야 한다고 오래전부터 말했죠. 요금을 절반으로 낮추면 당연히 더 많은 승객을 끌어모을 수 있으니까요."

우리의 아이디어는 간단하고 명료했다. 실제로 여러 항

공사가 당시 요금 인하를 고려했다. 하지만 그들은 여러 분석 끝에 위험이 너무 크다고 결론 내렸다. 만일 내가 좀 더 신중하고 소심했다면 리니에플뤼그는 완전히 실패했을 것이다. 물론 나 역시 각 노선을 분석해보니 위험이 너무 커 보였다. 하지만 나는 그러한 분석에 의지하지 않기로 했다. 대신 직관을 더 신뢰했다. 리니에플뤼그에서의 요금 인하는 내게 로니아의 낭떠러지와 같았다.

스칸디나비아 항공의 경우도 마찬가지였다. 우리가 시도한 변화와 마케팅 투자가 과연 충분한 수익을 가져다줄지 계산하거나 측정할 수 없었다. 우리는 개략적인 경제적 예측을 넘어 직관적으로 방향을 결정했다. 그러나 일단 과감하게 도약하자 우리가 상상했던 것보다 훨씬 더 많은 것을 얻을 수 있었다.

안타깝게도 많은 경영자에게 직관과 용기, 확신이 부족하다. 수직적인 기업은 일반적으로 경제와 재무 등 다양한 기술적인 전문성을 확보한 전문가들이 이끈다. 이 전문가들은 대단히 똑똑하지만 종종 재앙에 가까운 의사 결정을 내리고 실행에 옮긴다. 이들은 모든 문제에 관해 열 가지 해결책을 찾는다. 그중에서 무엇을 시도할지 결정을 내릴 때, 새로운 해결책을 다섯 가지 더 발견한다. 그러는 사이에 기회는 지나가버린다. 이들은 완전히 새로운 문제에 직면하고 다시 같은 절차를 반복한다. 때로는 이들이 중요한 도약을 회피하기 위해 새로운 대안을 끊임없이 생각해내는 것은 아닐까 하는 의심이 든다.

그렇다고 해서 분석적인 사고방식에 반대하는 것은 아니다. 분석은 중요하다. 하지만 분석은 전략의 개별 요소가 아니라 비즈니스 전략 전반을 대상으로 행해져야 한다. 스칸디나비아 항공이 연간 2천만 달러의 손실을 기록하고 있을 때 비즈니스 개선을 위해 5천만 달러를 추가적으로 투자한 것은 합리적인 분석가에게 무모한 선택처럼 보였을 것이다. 만일 이 프로젝트가 전반적인 비즈니스 전략으로 통합되지 않았더라면 실제로 그랬을 것이다.

투자가 필요하다고 결론 내리기 전에, 우리는 먼저 비즈니스 환경을 분석했고 목표를 수립했으며 전략을 개발했다. 논리적인 기반을 구축한 후에 도약했다. 다시, 나는 로니아와 마찬가지로 도약에는 큰 위험이 따른다는 사실을 알았다. 하지만 동시에 이 도약은 유일한 기회였다.

아무도 감히 도전하지 않는 아이디어를 성공적으로 실행하기 위해서는 '크게' 도약해야 한다. 리니에플뤼그는 이전에도 요금 인하를 단행했지만 지나치게 조심스러웠던 탓에 시장에 큰 영향을 미치지 못했다. 여러 항공사가 스칸디나비아 항공에 앞서 비즈니스 좌석 제도를 도입했지만, 역시 시장에 실질적인 영향을 주지 못했다. 무료 음료수처럼 사소한 시도만으로는 절벽을 뛰어넘을 수 없다.

시점의 문제 역시 비즈니스 분석에서 고려해야 할 사안이다. 누가 처음으로 자동차에 터보엔진을 탑재했는지 기억나는가? 대다수는 사브라고 답할 것이다. 1974년에 터보엔진을 처음으로 도입한 것은 BMW였지만, 이 사실을 아는 사람은 거의 없다. 왜 그럴까? BMW가 선택한 시점이 그야말로 최악이었기 때문이다. BMW는 석유 파동으로 사람들이 높은 연비와 저속 주행에 굉장한 관심을 보이던 시기에 정반대 제품인 터보엔진을 출시했다.

많은 경영자가 도약하지 않는 이유는 이것이 불가능해 보이기 때문이다. 예를 들어 스칸디나비아 항공의 경영진은 변화를 추진하기에 앞서 정부의 허가를 얻을 수 있는지 습관적으로 타진했다. 정부가 부정적으로 반응하리라고 생각할 때, 경영진은 제안을 제출하지도 않았다. 대신에 "당국이 허락하지 않을 것입니다"라거나 "소용 없을 거예요"라는 말로 좋은 아이디어를 초기 단계에 짓밟아버렸다.

이런 심리적 장애물을 뛰어넘도록 용기를 주는 말이 있다. "벽을 뚫고 달려라." 목표 달성이 불가능해 보일 수 있다. 그렇더라도 실패가 명백해질 때까지 도전을 멈추지 말자. 우리 앞에 서 있는 벽이 보기보다 거대한 것이 아닐 수 있다. 어쩌면 단단한 돌로 만든 벽이 아니라 얇고 뚫기 쉬운 종이 벽이었을지도 모른다.

　내가 처음으로 벽을 뚫었던 사건은 사실 우연에서 시작되었다. 빙레소르 사장 시절 나는 영국의 유명 여행사인 톰슨Thomson이 티셔츠와 짧은 관광 상품을 판매하면서 여행객 일인당 20달러가 넘는 수익을 올렸다는 말을 전해 들었다. 자체 여행패키지로 벌어들이는 수익보다 더 높은 금액이었다. 당시 빙레소르의 수익은 20달러의 10분의 1에도 미치지 못했다. 승객이 연간 20만 명임을 감안한다면 이미 수백만 달러를 벌어들였어야 했다.

　나는 마케팅 책임자 중 한 사람인 클라에스 베른하르드에게 상황을 설명하고 톰슨의 성공 사례를 따라하라는 지시를 내렸다. 나는 이렇게 설명했다. "뭐든 해도 좋습니다. 여행객당 20달러 이상만 벌어들인다면 말이죠." 클라에스는 기발한 판촉 행사를 벌였고 사내 세일즈 대회를 마련했다. 수익을 많이 올린 직원은 자동차에서 황소에 이르기까지 다양한 상품을 받을 수 있는 대회였다. 최종적으로 빙레소르는 일인당 8달러까지 수익을 올렸다. 하지만 8달러가 한계였다. 나는 실망감과 당혹감을 안고 클라에스를 톰슨에 보내 톰슨 직원들이 어떻게 일하는지 살펴보도록 했다.

　톰슨 사람들은 깜짝 놀랐다. 내가 숫자를 잘못 해석했다는 사실이 드러났다. 톰슨은 분명 일인당 20달러를 벌었지만 그것은 '매출액'이었다. 톰슨의 순수익은 오랫동안 우리보다 낮은 수준에 머물러 있었다. 내가 그 사실을 처음부터 알았더라면 아마도 현재 상태에 만족했을 것이다. 그러나 숫자를 오해한 덕분에 벽을 뚫었고 빙레소르의 수익을 크게 높일 수 있었다.

리니에플뤼그에 와서도 넘을 수 없을 것처럼 보였던 또 다른 장벽을 뚫고 나아갔다. 내가 사장으로 오기 5년 전, 리니에플뤼그는 13대의 비행기를 구매하고 7천만 달러 부채를 떠안았다. 하지만 부채 자체가 문제는 아니었다. 네덜란드에 있는 포커Fokker라는 회사에서 항공기를 구입하면서 스웨덴 화폐인 크로노가 아닌 네덜란드의 화폐 플로린으로 돈을 빌렸다는 사실이 더욱 신경 쓰였다. 당시 환율은 극단적으로 출렁였고 우리 부채 규모도 1천만 달러에서 1천 2백만 달러까지 왔다 갔다 했다. 게다가 이미 부채가 많았기 때문에 대금 결제를 위해 은행에서 돈을 빌리는 데 어려움을 겪었다. 이 상황을 타개해야만 했다.

나는 새로운 관리자인 벵트 하글룬드에게 부채를 네덜란드에서 스웨덴으로 옮겨오는 책임을 맡겼다. 그러고는 그가 벽을 잘 뚫고 달려가는지 지켜봤다. 벵트는 돈을 빌리기 위해 스웨덴에 있는 모든 대출 기관에 접촉했다. 그리고 리니에플뤼그의 부채-자본 비율이 좋지 못했음에도 성공적으로 대출을 받았다. 은행들은 공공사업과 조화를 이루는 우리의 새로운 전략과 안전성을 믿었다. 벵트는 모든 일을 혼자 노련하게 처리했다. 내가 전통적인 방식대로 그에게 해야 할 일을 지시했더라면 성과는 오히려 좋지 않았을 것이다. 전통적인 방식은 사람들을 놀라게 했던 벵트의 창조성을 질식시켜버렸을 것이다.

조직을 재편하고 직원들의 에너지를 분출시킨 후에, 직원들은 계속 벽을 뚫고 나아갔다. 예를 들어 유로클래스를 도입할 때, 우리의 목표는 비즈니스 승객에게 높은 품질의 서비스를 제공하는 것이었다. 우리는 이를 위해 체크인 창구를 분리해 더 신속하게 수속 업무를 처리하고자 했다. 그러나 평등주의를 지향하는 스칸디나비아 당국이 이를 승인하지 않을 것이라는 분위기가 팽배했다. 유로클래스가 사회 계층 간 차별을 초래할 수도 있기 때문이다. 이는 전형적인 장벽이었다. 그런데 무슨 일이 일어났던가? 어쨌든 우리는 당국에 신청서를 내고 전반적인 전략을 설명했다. 스칸디나비아 민간항공위원회는 유로클래스가 우리 전략에서 중요한 요소임을 인정했고, 즉각 이를 승인해주었다.

우리가 직면했던 가장 큰 장벽은 유로클래스를 추진했을 때 만난 다른 유럽 항공사들의 강한 반발이었다. 에어프랑스는 우리와 비슷한 비즈니스 클래스 제도인 클라스 아페어Classe Affaire를 도입했다. 그러나 클라스 아페어는 정상 요금에 추가 요금까지 지불한 승객에게만 제공되는 서비스였다.

우리가 유로클래스를 도입한 목적은 상대적으로 비싼 정상 요금을 지불한 승객에게 더 나은 서비스를 제공하는 것이었다. 하지만 에어프랑스는 우리도 에어프랑스처럼 정상 요금에 추가 요금까지 낸 승객에게만 이런 서비스를 제공해야 한다고 주장했다.

우리는 거부했다. 지금까지는 경쟁자들의 요구를 암묵적으로 따라왔다. 하지만 새로운 스칸디나비아 항공은 우리의 결정이 민간항공들 간의 갈등을 부추긴다고 해도(실제로 그러한 일이 벌어졌다) 고유한 비즈니스 전략을 포기할 수 없었다.

에어프랑스의 압박은 계속되었다. 유럽 내 상업항공은 다양한 국가들 사이에 맺어진 상호 민간항공협약의 규제를 받는다. 이 협약은 생산 규모, 가격 정책, 서비스 수준과 관련된 기준을 제시하면서, 동시에 각 항공사가 다른 항공사의 정책에 대한 거부권을 행사하도록 허용하고 있다. 더 나아가 에어프랑스의 경우, 프랑스 정부가 지분을 완전히 소유하고 있는 회사였다.

단지 스칸디나비아 항공이 더 좋은 서비스에 더 높은 요금을 받지 않았다는 이유로 프랑스가 스칸디나비아와의 항공 협정을 끝내겠다고 하는 것은 극단적인 선택으로 보인다. 하지만 1981년에 실제로 그러한 상황이 벌어졌다. 프랑스 당국은 스칸디나비아 항공의 프랑스 입국을 막겠다고 위협해왔다.

스칸디나비아 항공이 스칸디나 지역 내 여러 정부와 항상 뜻을 같이 한 것은 아니었지만, 이번에는 각국 정부의 강력한 지원을 얻었다. 스칸디나비아 당국이 에어프랑스를 상대로 똑같은 수를 두며 맞섰던 것이다.

한편 에어프랑스는 곤란한 상황에 처하고 말았다. 우리가 각 항공편에서 이동식 칸막이로 유로클래스 구역을 정해 유로클래스와 일반 승객을 구분하는 것과는 달리, 에어프랑스는 비즈니스 구역을 고정적인 형태로 설정해버렸다. 이로 인해 비즈니스 구역(확장해 수익을 올릴 수 있는)이 물리적으로 제한되고 말았다.

우리는 물러서지 않았고 에어프랑스 역시 마찬가지였다. 에어프랑스는 유럽에 있는 몇몇 항공사의 지원을 받았다. 우리는 유럽 항공 산업의 거의 전부와 맞서 싸웠다. 가장 거대한 장벽이 우리 앞에 나타난 것이다. 우리에게는 장벽을 뚫고 달리는 것밖에 방법이 없었다.

에어프랑스는 클라스 아페어의 경쟁력을 높이기 위해 요금을 우리와 비슷한 수준으로 맞췄고 정상 요금은 더 낮췄다. 우리도 정상 요금을 인하하는 방식으로 맞섰다. 두 항공사 간의 가격 전쟁이 이어졌고, 급기야 프랑스와 스웨덴 외무장관들이 분쟁 해결을 위해 만나는 지경에 이르렀다. 장관들은 스칸디나비아 항공이 유로클래스에 추가 요금을 부과하지 않는 데 동의했다. 에어프랑스는 클라스 아페어에 우리와 동일한 요금을 부과하고, 비즈니스 좌석에 앉지 못하는 정상 요금 승객에게는 약간의 할인을 허용했다(그러나 에어프랑스는 실제 이 제도를 실행하지 않았고, 지금도 가격 구조나 클라스 아페어 좌석 규모와 관련해 어려움을 겪고 있다).

왜 이 문제가 그렇게 중요했던 걸까? 프랑스로 가는 항공편의 유로클래스에 추가 요금을 부과할 경우, 유로클래스를 뒷받침하는 전략 전체가 무너지기 때문이었다. 우리는 에어프랑스라는 장벽을 뚫고 달려감으로써 유로클래스 요금을 정상 요금 이상으로 받지 않겠다는 원칙을 절대적으로 만들었다. 우리는 비즈니스 전략을 실행하기 위한 의지를 고수함으로써 목표를 달성할 수 있었다.

우리에게 이토록 분명한 전략이 없었다면 스칸디나비아 당국으로부터 전폭적인 지지를 얻지 못했을 것이다. 또한 에어프랑스와의 싸움은 우리 직원들의 사기를 크게 높여주었다. 외부의 적과 맞서는 과정에서 직원들은 우리 모두가 공유하는 원칙을 지키기 위해 하나로 뭉쳤다.

기업 경영자는 절벽을 뛰어넘어야 할 뿐 아니라 위험을 감수하는 행동이 조직 '전체'에 영향을 미치도록 해야 한다.

안타깝게도 많은 현장 직원이 너무 오랫동안 규정에만 의존해왔기 때문에 새로운 도전을 하려는 용기를 좀처럼 내지 못한다. 상사가 싫어할지 모르는 의사 결정을 내리는 대신에, 책임을 위로 미루려고 한다. 가장 극단적인 경우에 책임은 이사회로 집결된다(사실 이런 일은 경영자의 생각보다 더 자주 일어난다).

현장 직원이 자칫 위험할 수 있는 결정을 감수하도록 독려하기 위해서는 그들에게 안전하다는 인식을 심어주어야 한다. 잘못된 결정을 내림으로써 문제가 생기거나 일자리를 잃어버릴 수 있다고 생각해버리면, 그들이 갖고 있는 지식과 정보는 쓸모가 없어진다. 그들은 실수를 저질러도 괜찮다는 사실을 알아야 한다. 그럴 때에만 자신에게 새롭게 주어진 권한을 과감하게 발휘할 것이다.

안전에 대한 인식은 두 가지 원천에서 비롯된다. 하나는 내부에서, 다른 하나는 외부에서 나온다. 경영진과 중간 관리자는 현장 직원이 이 두 가지 원천을 모두 강화할 수 있도록 도와야 한다.

안전에 대한 내적 인식은 중요한 책임을 맡음으로써 자기 가치를 높이 평가하는 데서 나온다. 에리히 프롬이 지적했듯이 어떤 사람도 전통적인 의미에서의 권력과 권한을 '소유'할 수는 없다. 멋진 직함과 큰 사무실을 잃어버리는 순간, 자신의 권한마저 잃어버리기 때문이다. 현실에서 권한과 책임은 개인과 연결되어 있다. 즉, 개인의 지혜와 지식, 사람을 다루는 능력이 권한과 긴밀히 연결되어 있다. 이러한 권한은 누구도 앗아갈 수 없다. 현장 직원은 안전에 대한 인식을 내면으로부터 이끌어내야 한다.

안전에 대한 외적 인식은 상사로부터 주어진다. 경영자와 관리자는 위험을 무릅쓰고 때로는 실수를 저지르는 직원에게 처벌이 아니라 조언을 주어야 한다. 잘못된 의사 결정은 교육을 위한 기반으로 사용되어야 하며, 올바른 의사 결정은 인정과 긍정적인 사례를 위한 근거로 활용되어야 한다. 또한 실수를 저지른 직원은 보복에 대한 두려움 없이 자신의 상황을 해명할 기회를 얻어야 한다.

여기서 나는 실수할 권리가 무능할 권리와 똑같은 것이 아님을 분명히 밝힌다. 특히 관리자의 경우에 더 그렇다. 관리자가 조직의 전반적인 전략을 받아들이지 않거나 목표를 달성할 역량이 없다면 지금 자리를 그대로 유지하도록 두어서는 안 될 것이다.

스웨덴의 '아만'Aman법은 기업이 정당한 사유 없이 직원을 해고하지 못하도록 정하고 있다. 이로 인해 직장인들은 자신이 안전하다는 것을 이전보다 강하게 확신할 수 있다. 많은 미국 경영자가 이 법을 싫어할지 모르나, 나는 이 법이 축복이라고 생각한다. 이 법은 안전에 대한 기반을 제공함으로써 책임을 분산하고 위험을 감수하도록 독려하는 데 도움이 된다.

놀랍게도 조직의 권한을 분산하려는 우리의 노력이 다른 나라에 비해 미국에서는 큰 성과를 거두지 못했다. 미국을 자유의 땅이자 도전의 고향이라고들 말한다. 하지만 실제 미국인들은 일상적인 업무에서 좀처럼 위험을 감수하려 들지 않는다. 대부분의 미국 기업이 실질적인 고용 안정을 보장하지 않기 때문이다. 미국 직장인들은 상사를 만족시키지 않으면 다음 달 월급을 받지 못한다.

스칸디나비아 항공의 정시 출발 캠페인 당시 있었던 또하나의 사례는 모든 구성원이 위험을 무릅쓰도록 했던 나의 의지를 잘 보여준다.

어느 날, 한 유명 스웨덴 경영자가 전용기를 타고 케네디 공항에 접근하면서 신호를 보내왔다. 그는 스톡홀름으로 가는 항공편에 약간 늦을 것 같다는 사실을 전했다. 비록 노골적으로 밝히지는 않았지만 우리에게 비행기를 잡아달라는 부탁이었다.

예전 같았으면 그렇게 했을 것이다. 이렇게 중요한 사람을 남겨두어서 원한을 사고 싶은 사람은 없었을 것이다. 명시적인 지시는 없었지만, VIP 고객의 요구를 무시하는 것은 현명한 선택이 아니었다. 강한 비난을 받느니 기다리는 편이 더 안전한 선택이었다.

하지만 그가 도착했을 때, 비행기는 떠나고 없었다. 한 스칸디나비아 항공사 직원이 그를 맞이해 30분 뒤에 출발하는 KLM 항공편을 예약해두었다고 설명했다. 비행기는 우리 것과 같은 기종이었고, 자리도 그가 항상 앉던 것과 같은 자리였다. 그는 불평하지 않았고 스칸디나비아 항공은 정시 출발의 명성을 이어나갈 수 있었다. 현장 직원이 문제에 대한 해결책을 적극적으로 모색한 덕분이었다.

또 다른 사건은 비행기가 출발하기 직전, 조종실에서 조종사들과 함께 있을 때 일어났다. 기장은 기내 어딘가에 문제가 있음을 말해주는 경고등을 확인하고는 혼잣말로 이렇게 중얼거렸다. "정시에 출발할 수 있으려나?" 문이 제대로 닫히지 않았던 것이 문제였다. 기장은 마이크를 잡고 승무원에게 문을 열었다가 다시 닫으라고 지시했다. 하지만 처리하는 동안 출발 시간이 지나가고 말았다. 그런데 갑자기 기체 아래에서 쿵 하는 소리가 들렸다. 무슨 소리였을까? 기장은 빙긋 웃으며 아래쪽을 가리켰다. 비행기 견인 트럭 기사가 낸 소리였다. 친절하게도 출발 시간이라는 신호를 보내준 것이었다.

외부인이 보기에는 그저 사소한 일일 수 있지만, 예전 트럭 운전기사와 항공기 기장 사이의 지위 차이를 감안할 때, 이는 아주 많은 것을 말해주는 경험이었다. 우리 모두가 스칸디나비아 항공을 세계에서 가장 시간을 잘 지키는 항공사로 만들기 위한 캠페인에 동참하고 있음을 말해주는 분명한 증거였다.

이후 스칸디나비아 항공은 유럽에서 가장 시간을 잘 지키는 항공사로 자리 매김했다.

MOMENTS
OF TRUTH

8장

소통이 빠른 기업은
고객을 감동시킨다

고객에게 기업 비즈니스 전략을 분명하게 전달할 수 없다면, 리더는 그 전략을 올바로 세울 수도 없다. 스칸디나비아 항공의 'Y50'이 기억나는가? 예약 대기로 항공권을 구매한 젊은 고객에게 요금을 50퍼센트 할인해주는 제도였는데, 아무도 이 단어의 의미를 알지 못했다. 그러나 리니에플뤼그의 '100크로노 항공권'이 어떤 의미인지는 누구나 쉽게 알 수 있었다. 수십만 명의 고객을 끌어들이는 것은 아이디어가 아니라 메시지를 전달하는 방식이다.

1981년, 스칸디나비아 항공에서 많은 변화를 준비하고 있을 무렵, 우리는 '나가서 싸우자'라는 제목으로 빨간 소책자를 만들어 2만 명 정도 되는 전 직원에게 배포했다. 이 책은 곧 직원들 사이에서 '작고 빨간 책'이라는 별명으로 알려졌다. 작고 빨간 책은 전반적인 비전과 전략, 더 나아가 직원에게 경영진이 기대하는 바를 전달하기 위한 수단이었다.

많은 사람이 이 소책자가 유치하다고 생각했다. 사실 스칸디나비아 항공에 있던 많은 전문가와 고등 교육을 받은 직원들이 보기에는 지나치게 단순한 책이었다. 각 페이지는 커다란 글과 함께 비행기가 사람처럼 웃고, 찡그리고, 직하강을 하면서 날개로 눈을 가리는 그림들로 가득했다.

그럼에도 이 소책자는 내부에서 효과적인 소통 도구로

기능했다. 이미 수직 구조에서 벗어났기 때문에, 직원들에게 이전과 다르게 일하라고 일방적으로 '지시'할 수는 없었다. 대신 우리는 기업의 비전을 전달하고 그들이 그 비전을 실현하기 위해서는 스스로 책임을 져야 하며, 책임질 능력이 있다고 '설득'해야 했다. 소책자 속 그림과 글이 바로 그런 역할을 했다.

직원들에게 동기를 부여하고 조직 내 숨겨진 에너지를 이끌어내는 방법과 관련하여 앞서 살펴봤던 많은 이야기는 사실 정보를 전하고, 설득하고, 영감을 주는 이야기, 다시 말해 의사소통에 관한 이야기다. 책임이 분산된 고객 중심 기업에서 훌륭한 리더는 다른 무엇이 아닌 의사소통에 가장 많은 시간을 쓴다. 리더는 직원들이 같은 목표를 향해 달려가도록 소통하고, 기업의 새로운 활동과 서비스를 알리기 위해 고객과 소통한다.

스칸디나비아 항공에 온 첫날부터 나는 의사소통, 특히 직원들과의 소통을 가장 중요한 과제로 삼았다. 사실 첫해에 나는 정확하게 업무 시간의 절반을 '현장에서' 직원들과 이야기를 나누는 데 썼다. 직원 세 명이 모이면 얀 칼슨이 어디선가 나타난다는 이야기가 떠돌 정도였다. 내 열정과 의지가 진심이라는 사실을 보여주고 직원들이 책임을 받아들이도록 하기 위한 나만의 방식이었다.

상사가 지시만 내리는 수직적인 기업에서는 직원들이 스스로 지시가 무슨 의미인지 이해해야 한다. 상사는 자신이 메시지를 올바로 전달했는지에만 관심을 갖는다. 그러나 스칸디나비아 항공 같은 기업, 의사 결정권을 가지고 구체적인 상황에 일반적인 전략을 적용해야 하는 직원들에게 전략을 전달하는 리더는 여기서 한발 더 나가야 한다. 단지 메시지를 전하는 것이 아니라, 모든 직원이 그것을 이해하고 받아들이도록 만들어야 한다. 이 말은 접근 방식을 완전히 뒤집어야 한다는 뜻이다. 다시 말해 리더는 직원들이 가장 잘 받아들일 수 있는 용어로 전략을 설명해야 한다.

이를 위해 리더는 더 평범하고 직설적인 표현을 사용해야 한다. '지나치게 단순한' 표현이란 없다. 직원들이 메시지를 오해할 위험을 감수하는 것보다 지나치게 분명하거나 지나치게 단순한 편이 더 낫다. 빨간 소책자가 대표적인 예다.

리더가 제시한 분명하고 단순한 메시지는 모두가 추구할 만한 목표를 세우는 데 도움을 준다. 예를 들어 존 F. 케네디는 "1970년까지 인간을 달에 보낼 것입니다"라고 선언함으로써 국가 전체를 위한 목표를 세웠다. 케네디는 실무를 담당하는 사람이 아니었지만, 이 짧은 한마디는 엄청난 영향력을 발휘했다. 케네디는 이 선언으로 과학자들의 노력을 한 곳에 집중시켰다.

하콘 순딘이 스웨덴 밴디(bandy, 얼음 위에서 스케이트를 타고 막대기로 상대팀의 골대에 공을 집어 넣는 하키와 비슷한 경기) 국가대표팀의 새 감독으로 임명되었을 때, 언론에서 가장 먼저 한 말은 이것이었다. "우리는 3년 안에 세계 챔피언이 될 것입니다." 순딘이 이렇게 과감한 발언을 한 시점은 오랫동안 챔피언 자리를 누리고 있던 러시아 팀에게 수치스러운 패배를 당한 뒤였다. 사람들은 언제나 러시아가 챔피언이고, 스웨덴은 기껏해야 2등이라고 생각했다. 그러나 순딘은 그 선언으로 역전 드라마를 쓰기 시작했다. 비록 누구도 그의 말을 믿지 않았지만, 스웨덴은 3년 뒤 정말로 세계 챔피언 자리에 올랐다.

가장 강력한 메시지는 단순하고 직설적인 메시지이다. 조직에 있는 모든 직급의 직원들이 메시지를 일종의 슬로건으로 활용할 수 있다. 메시지가 반드시 고상하거나 독창적일 필요는 없다.

내가 연설을 하고 나면 직원들은 종종 이런 말을 했다. "놀라운 방법으로 핵심을 전달했습니다." 칭찬인지 아닌지 잘 모르겠다. 어쩌면 그들도 그랬을 것이다. 하지만 메시지가 분명했다면 어쨌든 성공적으로 내 뜻을 전달했다고 믿는다. 직원들의 반응은 내 연설이 사람들의 내적인 공감대를 건드렸음을 의미한다. 나는 단순하고 직설적인 연설로 직원들에게 확실히 다가섰다.

리니에플뤼그와 스칸디나비아 항공을 맡았던 초창기에는 의사소통 능력의 덕을 많이 보았다. 나는 직원들의 말에 귀를 기울이고 쉬운 용어로 소통하면서 다양한 생각을 분명하게 정리할 수 있었다. 직원들의 생각은 전략적으로 사고하는 데 도움을 주었다. 또한 이렇게 접근함으로써 직원들의 지원을 받아 결국 전사적 차원에서 목표를 성취할 수 있었다.

효과적인 의사소통을 위해서는 쇼맨십 이상의 자질이 필요하다. 실질적인 영향력을 행사하는 리더가 되고 싶다면 소극적이거나 과묵해서는 안 된다. 청중 앞에서 어떤 모습을 보이고, 청중을 어떻게 설득하느냐는 리더십에서 중요한 요소다. 이러한 역량은 분석이나 계획 수립을 하는 능력만큼 중요하다.

나는 방송을 잘한다는 이야기를 종종 듣는다. 하지만 아이디어가 독창적이기 때문은 아니다. 청중이 이해 못할 말들로 그들의 정신을 어지럽히지 않기 때문이다. 내 목표는 사람들을 설득하는 것이다. 다른 누구보다 지식이 많음을 뽐내는 것이 아니다.

예를 들어 1979년 스웨덴 선거 기간에 소득세 문제를 놓고 벌어진 사회적 논의에 대해 생각해보자. 40년 동안 사회당이 통치한 후 스웨덴의 최고 소득세율은 약 90퍼센트까지 치솟았다. 다른 이들처럼 나 역시 정부가 한계세율을 50퍼센트 이하로 낮추면 '더 많은' 세수를 거둬들일 수 있다고 주장했다. '래퍼 곡선'Laffer curve(세율과 세수와의 관계를 나타내는 그래프-옮긴이)의 스웨덴 버전이었다. 사람들의 생각을 바꾸기 위해서는 먼저 사람들이 논쟁에 주목하게 만들어야 했다.

나는 50퍼센트가 넘는 한계 세율로 스웨덴 정부가 약 15억 달러를 벌었다고 계산했다. TV에 출연했을 때, 나는 이렇게 말했다. "저는 제 돈 15억 달러를 넣은 금고의 열쇠를 정치 지도자들에게 줄 겁니다. 제 말대로 한계 세율을 인하하면 분명 스웨덴은 더 잘살게 될 것이라 확신하니까요. 만약 제 말이 옳다면 저는 15억 달러를 돌려받을 겁니다. 혹시 제가 틀리더라도 정부는 제 돈을 가져갈 것이고 수입을 하나도 잃어버리지 않을 겁니다."

사람들은 내가 술책을 부린다고 비난했다. 어떤 면에서 틀린 말은 아니었다. 내겐 스웨덴 정부에 줄 15억 달러가 없었다. 하지만 내가 던진 메시지는 사회적으로 큰 반향을 일으켰다. 내 이야기는 전 세계 신문에 기사로 실렸다. 플로리다의 한 작은 마을에 사는 '충성스러운 대령'이라는 사람은 내게 감사를 표하는 편지를 보내왔다. 그는 이렇게 썼다.

"젊은 양반, 15억 달러가 전 재산이었다고 해도 올바른 일이었어요." 내 이야기가 대서양 건너편까지 영향을 미쳤던 것이다. 아이디어 자체가 참신하다기보다는 아이디어를 표현한 방식이 참신했기 때문이었다.

메시지를 전달하기 위해서는 어느 정도 자신의 내면을 드러낼 필요가 있다. 자신의 내면을 보여주지 않는 연예인은 공연을 아무리 멋있게 해도 청중의 마음에 다가서지 못한다. 기업의 리더도 마찬가지다.

예전에는 나도 대본을 써서 연설한 적이 있었다. 하지만 연설은 완전히 실패했다. 물론 대본에는 문제가 없었다. 숙고 끝에 유려하게 다듬어진 글이었다. 하지만 나는 대본을 읽는 데 능한 사람이 아니었다.

나는 수많은 강의와 연설을 대본 없이 나의 확신에만 의존해서 해냈다. 그 덕에 이야기의 폭도 넓어졌다. 나는 최근 벌어진 사건에 대해 말하면서 흥미를 유발하거나 그날 청중의 분위기에 맞게 즉흥적으로 이야기를 수정할 수 있었다. 2장에서 리니에플뤼그 직원들에게 새로운 비즈니스 전략을 설명했던 날을 언급했다. 그날 나는 스웨덴 사회가 어떻게 변하고 있는지와 리니에플뤼그는 어떻게 변해야 하는지에 관해 차분하고 진지한 연설을 준비했다. 하지만 대본을 그대로 따라 읽기에는 청중 분위기가 너무 들떠 있다는 사실을 간파했다. 나는 분위기에 따르기로 결심했다.

공고와 홍보, '이미지 메이킹'으로 기업을 외부에 소개할 때도 똑같은 원칙을 활용할 수 있다. 고객에게 기업 비즈니스 전략을 분명하게 전달할 수 없다면, 리더는 그 전략을 올바로 세울 수도 없다. 스칸디나비아 항공의 'Y50'이 기억나는가? 예약 대기로 항공권을 구매한 젊은 고객에게 요금을 50퍼센트 할인해주는 제도였는데, 아무도 이 단어의 의미를 알지 못했다. 그러나 리니에플뤼그의 '100크로노 항공권'이 어떤 의미인지는 누구나 쉽게 알 수 있었다. 수십만 명의 고객을 끌어들이는 것은 아이디어가 아니라 메시지를 전달하는 방식이다.

스칸디나비아 항공의 조직을 재편하기 시작했을 때 비판자들은 우리의 노력을 '홍보 책략'에 불과하다며 비웃었다. 그들은 우리가 마케팅에 집중하면서 예산은 한푼도 올리지 않았다고 지적했다. 그러나 우리는 다만 쉬운 메시지를 더 효과적으로 전달하는 데 돈을 투자했을 뿐이다.

예전에는 광고를 내보낼 때 "스웨덴에게 세계를"처럼 애매모호하고 보편적인 문구를 앞세웠다. 하지만 이런 광고를 기억하는 사람은 드물었고, 우리가 의도한 바를 이해하는 사람은 더 드물었다. 유로클래스를 도입했을 때는 이런 문구를 활용했다. "줄을 설 필요가 없습니다." "비즈니스 승객을 위한 새로운 라운지 서비스!" "좋은 자리를 차지하기 위해 애쓸 필요가 없습니다!" "일반 요금으로 일등석에 가까운 서비스를 누릴 수 있습니다!" 이 문구는 과장이 아니라 승객들이 항공사를 선택하는 과정에서 활용할 수 있는 분명한 정보였다.

소통은 단지 말과 광고 이미지만으로 이루어지지 않는다. 소통에는 상징도 필요하다. 생활 방식에서 옷, 행동에 이르기까지 리더와 관련된 모든 것이 상징적 의미를 갖는다. 이와 관련해서 리니에플뤼그 시절에 있었던 한 사례가 떠오른다. 당시 리니에플뤼그에서 직원들이 일하는 사무실 공간은 대단히 단조롭고 따분했다. 반면 사장은 거리 풍경이 내려다보이는 크고 밝은 공간을 차지하고 있었다. 게다가 여덟 명의 임원은 그들만의 특별 식당을 이용했다. 엄청난 특권이었다.

가장 먼저 나는 임원 식당을 없애야겠다고 생각했다. 작은 기업인 리니에플뤼그는 권위적인 식당 공간으로 그릇된 신호를 보내고 있었다. 내 의도와는 상관없이 임원 식당에서 식사를 하는 것만으로도 내가 바라지 않는 이미지를 암묵적으로 전달하는 셈이었다. 그래서 처음 몇 주 동안은 점심에 건물 밖으로 나가 핫도그를 사왔다.

나는 틈틈이 임원 식당을 없앨 기회를 노렸다. 그러던

중 한 임원이 직원과의 관계를 개선해야 한다고 지적했다.

나는 이렇게 대답했다. "좋습니다. 앞으로 직원들과 함께 식사를 합시다. 그러기 위해서는 임원 식당을 먼저 닫아야 겠죠!" 그러고는 즉각 내 책상을 임원 식당으로 옮겼고, 내가 쓰던 사무실 공간을 누구나 사용할 수 있는 회의실로 바꿨다. 우리 기업에게 정말로 필요한 공간이었다.

동시에 임원들은 직원 식당에서 점심을 먹기 시작했다. 리니에플뤼그에서는 일부 사람이 큰 공간을 누리는 것이 아니라 모두가 동등하게 일한다는 사실을 분명하게 알리는 신호였다. 모든 직원은 새로운 변화가 벌어지고 있다는 분명한 메시지를 목격했다. 지금부터 중요한 것은 성과이지, 특권이 아니라는 사실이었다.

조직의 구성원은 리더의 방식을 유심히 관찰하고 받아들인다. 리더의 인격은 직원들의 행동을 통해 조직 전반에 스며든다.

임원들은 항상 직원들의 나쁜 습관에 관해 불만을 토로한다. 하지만 나쁜 습관의 패턴을 면밀히 들여다보면, 이 습관들이 경영진에게서 비롯되었음을 알게 된다. 최근에 스칸디나비아 경영진은 조직 내부적으로 해외 출장이 잦다는 사실에 주목했다. 경영진은 단지 몇몇 세부 사항을 논의하기 위해 여러 도시로 출장을 다니고 있었다. 실제로 얼마 전 경영진 여덟 명은 일주일씩이나 해외 출장을 다녀오기로 계획하고 있었다. 스칸디나비아 항공 비즈니스와 큰 관련이 없는 출장이었다. 결국 내가 나서서 출장을 취소시켰지만, "그들도 하니까 우리도 할 수 있다"라는 이야기가 조직 전체에 퍼지는 것을 막을 수는 없었다.

리더는 자신이 비언어적 의사소통으로 조직 구성원이 따라야 할 방식을 보여주는 자리에 있다는 사실을 똑바로 인식해야 한다. 그럼으로써 리더는 조직이 고객에게 보여줄 이미지를 창조해낼 수 있다.

처음으로 리니에플뤼그에 왔을 때, 나는 여러 공항을 시찰했다. 시찰 중에 직원들이 나를 불편해한다는 느낌을 감지했다. 이유는 알 수 없었다. 결국 한 직원이 내가 탑승하기를 기다리고 있다는 사실을 알려주었다.

나는 물었다. "벌써 탑승 준비가 되었나요? 방송은 못 들었는데."

"아닙니다. 하지만 사장님이 탑승하셔서 좌석을 결정하셔야 승객들을 탑승시킬 수 있습니다."

자신의 행동으로 스스로 고객보다 우월하다는 사실을 드러낸다면, 결코 시장 중심적 리더라고 부를 수 없다. 나는 나 자신을 고객보다 절대 우선시할 수 없는, 극단적으로 경쟁적인 여행사 출신이다. 그래서 나는 모두가 탑승한 뒤에

남아 있는 자리를 선택하겠다고 말했다.

스칸디나비아 항공은 승객을 위해 잡지와 신문을 구비해두지만 항상 모든 승객을 위해 충분한 양을 준비할 수는 없다. 그럼에도 직원들은 내가 볼 것을 먼저 고르도록 친절을 베푼다. 그러면 나는 이렇게 말한다. "그럴 순 없어요. 모든 승객이 원하는 것을 얻는 게 먼저입니다!"

나는 승무원들이 이런 사소하고 상징적인 행동을 긍정적으로 생각한다는 이야기를 여러 번 들었다. "최고 경영자가 먼저 승객에게 좋은 서비스를 다하기 위해 노력한다. 이는 우리가 하는 일에 대한 존경의 표시다." 경영자가 고객 다음이라는 사실을 보여줌으로써 직원과 고객들에게 누가 가장 먼저인지를 말해줄 수 있다.

좋은 사례를 보여주는 것이야말로 진정으로 효과적인 의사소통 방식이다. 반대로 경영자가 보여주는 나쁜 사례는 그야말로 재앙이다! 전통적인 경영자는 과시적인 것들로 스스로를 치장한다. 그러나 고객을 우선시할 때, 경영자는 이런 사치를 누릴 여유가 없다.

MOMENTS
OF TRUTH

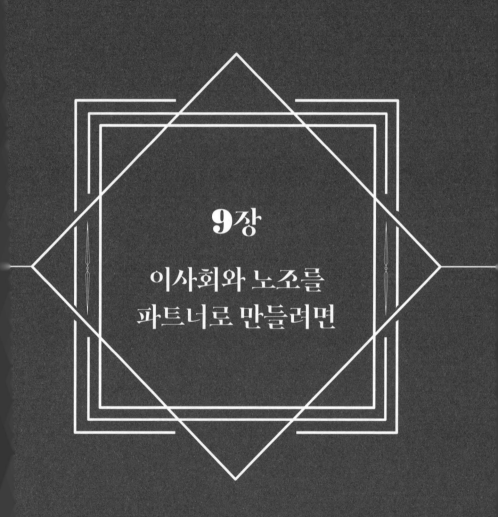

9장

이사회와 노조를
파트너로 만들려면

나는 어떤 집단이나 개인이 책임을 질 수 있는 유일한 방법은 전반적인 상황을 이해하는 것이라고 믿는다. 나는 계속해서 기업이 어디에 있는지, 이사회, 노동조합, 직원들과 더불어 어디로 나아가야 하는지에 관해 내가 아는 것들을 끊임없이 공유한다. 비전이 현실이 되려면, 그것은 '자신의' 비전이 되어야 한다.

우리가 스칸디나비아 항공을
서비스 중심적인 조직으로 만들기로 결정했을 때, 항공기
사무장들이 기내식을 제공할 새로운 카트가 있으면 더 나은
서비스를 제공할 수 있다는 의견을 제시했다.

새로운 카트의 도입으로 서비스를 제공하는 데 소중한
시간을 절약할 수 있다는 의견이었다. 특히 단거리 노선에
서 더 큰 효과를 낼 수 있는 아이디어였다. 하지만 기존에
쓰던 낡은 카트를 교체하기 위해서는 2백만 달러의 비용이
필요했다. 2천만 달러의 손실을 기록하는 항공사에서 카트
와 같은 사소한 집기에 2백만 달러를 투자한다고 하면 누가
좋아하겠는가?

사실 새 카트 도입에 관한 논의는 내가 스칸디나비아로
오기 전에도 5년이나 계속 이어지고 있었다. 그동안 경영진

과 이사회는 최종 결정을 계속 미루었다. 카트가 거시적인 전략에서 어떤 자리를 차지하는지 알지 못하면, 어떻게 투자에 대한 수익성을 계산할 수 있겠는가?

(이사회의 적극적인 승인과 더불어) 일단 고객 중심의 새로운 전략이 자리 잡자 새로운 카트 도입이 고객 중심 전략에서 중요한 부분을 차지한다는 사실이 분명해졌다. 이사회가 이미 큰 틀에서 비즈니스 전략의 방향성을 승인한 상태였기 때문에, 카트 구매에 관해 별도로 승인을 받을 필요도 없었다. 우리는 2백만 달러의 지출을 스스로 결정했다.

나는 이 책에서 거시적인 그림을 중간 관리자와 현장 직원에게 전달하려는 노력이 얼마나 중요한지 강조해왔다. 이일은 권한이 분산된 비즈니스 환경에서 구성원들이 임무를 수행하기 위해 꼭 필요하고 중요한 요소다. 기업 내 다양한 집단이 목표에 기여하기 위해서는 회사 전체를 아우르는 가장 중요한 전략을 잘 이해해야 한다. 일반적으로 경영진은 노동조합을 적으로 여기며, 이사회를 기껏해야 책임을 떠넘길 마지막 보루쯤으로 생각한다. 하지만 노동조합과 이사회는 우리가 스칸디나비아 항공에서 그랬던 것처럼 고객 중심의 비즈니스 목표를 활력 있게 만들기 위해 '반드시' 활용해야 할 소중한 자원이다.

일반적인 경영진은 전반적인 비즈니스 전략을 이사회와

공유하지 않는다. 많은 사장이 이사회를 두려워한다. 내가 아는 한, 이사회 회장은 "사장을 해임해야 할까요?"라는 질문으로 이사회 회의를 시작함으로써 사장의 마음을 어지럽게 만들곤 한다.

이사회를 두려워하는 사장은 기업의 비전을 그들과 공유하지 않는다. 다만 경영진의 성과를 돋보이게 할 정보를 이사회에 조금씩 흘린다. 동시에 '권한을 상부로 넘긴다'. 다시 말해 사소한 의사 결정까지 이사회 몫으로 미룬다. 그러고는 조직을 향해 이사회의 결정 사항을 통보한다. 그렇게 나온 결정은 곧 법이 된다. 더 높은 권한이 없기 때문이다. 이러한 법은 조직 전체와 현장 직원에게 하달되어 실행에 옮겨진다.

이런 방법은 시간을 낭비하고 직원의 사기를 꺾을 뿐 아니라, 이사회의 집단적인 비즈니스 경험을 제대로 활용하지 못하게 만든다. 거시적인 전략을 알지 못하는 이사회는 경영진의 요구를 뒷받침하는 근거를 제대로 평가하거나 이해할 수 없다.

반면 기업의 비전을 수립하는 과정에 이사회가 참여하도록 요청함으로써 이사회를 현명하게 활용할 수 있다. 이 과정에서 이사회는 조직의 모든 곳에서 벌어지는 세부적인 문제에 에너지를 낭비하지 않고 더욱 중요한 전략적 사안에 집중하게 된다.

사소한 의사 결정에서 이사회를 배제했을 때 이사회는 소외당하고 있다고 느낄지도 모른다. 하지만 이는 바람직한 반응이 아니다. 물론 경영진은 의사 결정과 책임, 권한을 조직 내 다양한 부분에 이양해야 하지만, 그렇다고 해서 이사회가 모든 세부 의사 결정 과정에 참여하기를 고집한다면 전체 시스템은 엉망이 될 것이다. 이사회와 경영진, 조직 전체 사이의 균형이 무너지는 것도 시간문제다.

이사회를 사소한 의사 결정과 잡다한 문서 작업에서 해방시킬 때, 경영진은 전략적으로 중요한 사안을 이사회와 논의할 수 있고, 이사회가 가진 풍부한 비즈니스 경험을 효과적으로 활용할 수 있다.

1978년, 리니에플뤼그에 있을 때 내가 일반적인 요금 인하 방안을 갖고 이사회를 찾았더라면, 이사회는 내가 제시한 방안을 뒷받침하는 복잡한 분석 자료를 요구했을 것이다. 대신 나는 요금 인하 방안을 더 큰 아이디어(운항 횟수를 늘리고 광고 및 홍보를 확대하는 방안)의 일부로 제안했고, 이사회는 직관적인 판단을 기반으로 이를 받아들였다. 이사회는 만장일치로 내 제안을 통과시켰다. "한번 해봅시다!"

스칸디나비아 항공에서 세운 거시적 비전에 관한 이사회의 지지는 대단히 중요했다. 우리 경영진은 시장이 전반적으로 침체되어 있고, 스칸디나비아 항공의 적자가 한창인 가운데 과감한 투자를 요청했다. 덴마크인 회장인 할도르 톱수가 이끄는 이사회는 시장 회복에 의존하지 않고 기업을 전환하겠다는 우리의 목표를 잘 이해했다. 톱수는 우리에게 적극적으로 계획을 설명하도록 요청하면서도 세부적인 분석이나 조사 자료는 요구하지 않았다. 전체 운영 계획을 이사회에 설명하기 위한 순간이 왔을 때, 나는 대단히 흥분했다. '순간'은 아마도 잘못된 단어일 것이다. 그건 오랜 시간 이어진 나의 독백이었다.

내가 제시한 큰 그림을 이해한 이사회는 우리 계획을 지체 없이 받아들였다. 이사회는 이렇게 지시했다. "목표를 달성하세요. 어떻게 하느냐는 당신에게 달렸습니다." 이사회가 내린 지침은 간략하게 말하면 이런 것이었다. "하락을 만회하고 수익을 가져다달라. 하지만 시장의 성장에만 의존해서는 안 된다!"

최근까지 시장은 오랫동안 꾸준히 성장해왔고 사람들은 저절로 생기는 안정적인 수익에 익숙해졌다. 그러나 이제 성장이 멈췄고 기업들은 대부분 적자를 기록하고 있다. 따라서 기업을 원래의 자리로 되돌리는 것이 제일의 목표가 되었다. 목표를 달성하는 방법은 전적으로 우리에게 달려 있었다. 이사회는 변화를 위한 문을 열었고 새로운 전략에 집중했으며 세부적인 사항은 우리에게 일임했다. 일임에는 예산 5천만 달러까지 포함되어 있었다.

나는 종종 세 명의 스칸디나비아 이사회 회장들에게 개인적으로 자문을 구하곤 한다. 세부적인 사안에 관한 것이 아니라 내가 스칸디나비아 항공을 올바른 궤도로 나아가게 하고 있는지 확인하기 위함이다. 세 회장 모두 스칸디나비아에서 활약하는 앞서가는 비즈니스맨들이다. 한 사람은 노르웨이 은행가고 다른 사람은 스웨덴 산업가이며 또 다른 이는 덴마크의 엔지니어이자 사업가다. 이 집단의 전문성은 소중한 자원이며 나는 전체 이사회에 다가가기 전에 그들을 일종의 발판으로 활용하곤 한다.

노동조합은 많은 경영자가 맞닥뜨리는 또 하나의 어려움이다. 그러나 노동조합 역시 조직적인 차원에서 목표 달성에 중요하게 기여할 잠재력을 지니고 있다.

노동조합은 수직적인 기업에서 명령과 지시를 받았던 피라미드의 맨 아래층에 있는 구성원을 대변한다. 그렇기 때문에 근로자 입장에서 기업 경영진이 이미 내린 판단을 검토하고 의문을 제기하는 것 또한 노동조합의 핵심 역할이다. 노동조합은 회사를 운영하는 과정에서 일종의 브레이크 같은 기능을 한다.

그러나 의사 결정권을 분산하면서 노동조합의 역할도

크게 바뀌었다. 일반 직원이 스스로 의사 결정을 내리기 시작하면서 노동조합은 더 이상 그들의 결정에 반대할 수 없게 되었다. 어떻게 자신들이 이익을 대변해야 할 근로자의 의사에 반대할 수 있겠는가? 이제 노동조합은 구성원과 경영진의 '파트너'가 되어야 한다.

의사 결정 과정이 분산되어 있는 스칸디나비아 항공에서 노동조합은 크게 세 가지 역할을 수행한다.

가장 중요한 역할은 협력이다. 노동조합은 경영진과 함께 기업의 전반적인 방향과 전략을 분석하고, 논의하고, 수립하는 과정에 참여한다. 또한 중간 관리자 집단과 더불어 자원의 취득과 분배를 계획하고, 수익 목표를 결정하고, 투자 지침을 마련한다. 마지막으로 현장 직원들과 함께 그들이 대변하는 사람들, 다시 말해 모든 의사 결정권자를 지원하는 역할을 맡는다.

노동조합의 두 번째 역할은 내부 감사와 비슷하다. 그들은 기업이 노동법과 단체 협약을 얼마나 잘 준수하고 있는지 비판적으로 확인해야 한다.

마지막 세 번째 역할은 전통적으로 그들이 해오던 일이다. 노동조합은 협상 과정에서 대부분 경영진의 의견을 가로막는 역할을 해왔다. 그러나 노동조합이 기업의 운영과 투자에 함께 참여하게 되면서 더 이상 기업의 전반적인 전략을 가로막는 역할만을 고집할 수 없다. 이제 이런 입장은 이들 자신에게도 아무런 도움이 되지 않는다. 노동조합도 기업의 전략적 기반을 마련하는 과정 전반에 함께 참여하기 때문이다.

이 세 가지 역할을 받아들인 노동조합은 위협이 아니라 중요한 기여자가 된다. 노동조합은 일반 직원과의 긴밀한 관계 덕분에 경영진의 노력만으로는 접근할 수 없는 방대한 지식과 아이디어, 의견을 활용할 수 있다. 또한 노동조합에게는 경영진에게 없는 외부 네트워크도 있다.

비즈니스 리더에게는 이러한 생각이 이상하게 들릴 수 있다. 그러나 나는 사회적 흐름에 따라 노동조합과 경영진이 그들의 역할을 새롭게 확립하면서 전통적이고 적대적인 관계를 청산하리라고 확신한다. 그렇다고 해서 노동조합이 모든 짐을 떠안아야 한다는 뜻은 아니다. 먼저 기업이 바뀌어야 한다. 기업이 목표와 조직 구조를 수정하고 새로운 사회 질서에 적응하기 위해 노력할 때만 노동조합도 자신들의 역할을 수정할 것이다. 그럴 때 노동조합은 기업에 영향을 미치고, 기업은 다시 우리 사회에 영향을 미치게 될 것이다.

사회적 여건은 이미 변화하기 시작했다. 1960년에 노동조합과 사회민주당은 법적 변화를 추진했고, 이러한 흐름은 1977년 스웨덴의 '근로자 의사 결정 참여 법안'의 통과로 이어졌다. 이 법안은 공동결정법CoDetermination Act 혹은 스웨덴 약자 MBL이라는 이름으로 알려졌다. MBL은 기업들이 직원에게 더 많은 정보를 제공하고, 비즈니스의 중요한 변화에 관해 노동조합의 자문을 구하도록 규정하고 있다. 이 법안의 통과로 사회적 분위기가 달라지고 있음을 확인할 수 있었다.

물론 MBL이 우리 사회를 수평적 조직에 더 가깝게 만들어주긴 했지만, 기업들은 그 변화를 따라잡지 못했고 새로운 환경에 어떻게 적응해야 할지 이해하지 못했다. 대부분의 경영자는 부정적으로 반응했다. 그들은 이렇게 주장했다. "MBL은 너무 비효율적입니다. 모든 일에 너무 많은 시간이 들어요." 사실 MBL은 사회적 변화가 비즈니스 세상에 스며들기 전부터 모습을 드러냈다. 기존 조직 구조에 MBL을 적용하려는 시도는 중세시대 성을 접착제로 보수하려는 노력만큼이나 효과가 없었다. 다른 한편으로, 노동 운동이 전반적으로 조직화되면서 노동조합의 역할이 강화되었다.

스칸디나비아 항공이 분산된 조직으로 나아가기로 결정했을 때, MBL은 우리에게 긍정적으로 작용했다. 우리는 항공협의회를 신설해 노동조합이 경영 전략에 관한 논의에 참여하도록 허용했다. 또한 분과위원회를 만들어 노조 대표들이 각 사업부의 자원 계획 수립 과정에 참여하도록 했다. 비록 노동조합이 현장까지 관여하도록 하는 공식 조직을 갖추지는 못했지만, 노동조합은 현장에서 일하는 직원들을 여전히 지지하고 있다. 우리는 노동조합이 자신들의 조직을 기업의 조직에 맞게 조정하도록 돕고 있다.

노동조합은 스칸디나비아 항공에서 일어나는 변화에 주목하고 있다. 우리는 새로운 조직 체계를 기반으로 시스템에 '시동을 걸고' 현장과 직접 교류하기 때문에, 노동조합 또한 전보다 빠르게 움직일 수 있다. 그렇지 못했을 때는 노동조합이 의사 결정 과정에서 도장만 찍는 형식적인 역할에만 머물렀다.

기업 경영진은 협력을 늘리기 위해 노동조합을 파트너이자 진정한 자원으로 생각해야 한다. 경영진과 노동조합은 서로의 사고방식을 잘 알아야 한다. 경영진은 노동조합이 경영진을 이해할 수 있도록 기회를 주어야 한다.

노동조합 대표들이 자유롭고 공개적인 논의를 가로막았던 것은 사실이다. 처음에는 우리 경영진도 노동조합 대표가 참석한 회의에서는 평소와 다르게 행동했다. 하지만 시간이 흐르면서 변화가 나타나기 시작했다. 한 노동조합 간부는 이 문제에 관해 내게 이렇게 말했다. "그건 걱정하실 필요 없습니다. 우리는 당신들 역시 우리와 같은 사람이라는 사실을 알고 있습니다."

경영진이 새로운 상황에 적응하면서 어려움을 겪듯 노동조합 간부들 역시 쉽지 않은 상황을 맞이하고 있다. 그 사이에는 적대적인 관계가 깊이 뿌리 내리고 있다. 수많은 노동조합 간부가 경영진과 경영진의 아이디어에 불신을 갖고 있다. 그렇기 때문에 경영진이 기업의 전략을 짜는 과정에 노동조합을 초대할 때, 노동조합의 대표가 경영진의 동기를 미심쩍어하는 것도 충분히 이해할 만하다.

스칸디나비아 항공에서 우리는 여전히 노동조합 대표들에게 새로운 역할이 과거보다 더 매력적이고 강력하다는 사실을 완전하게 설득하지는 못했다. 경영진이 이미 내린 세부적인 의사 결정에 관해서만 반응하는 비효율성을 계속 지적할 뿐이다. 이 단계를 뛰어넘어 주요한 전략적 의사 결정과 계획 수립의 책임을 공유한다면, 다양한 의사 결정을 그들이 원하는 방향으로 끌고 갈 수 있으리라 확신한다.

노동조합이나 이사회와 처음부터 함께 협력하고, 이 관계를 꾸준히 이어나가는 것이 대단히 중요하다. 노동조합이 기업의 전반적인 비전을 이해하고 받아들인다면 경영진과의 관계가 더욱 돈독해질 뿐 아니라, 이들의 참여가 새로운 조직에 진정으로 소중한 자산이 될 것이다. 노동조합은 고립적인 의사 결정과 독단적인 활동으로 어긋나는 것이 아니라, 큰 그림을 바라보고 더 큰 책임을 받아들이게 될 것이다.

실제로 나는 어떤 집단이나 개인이 책임을 질 수 있는 유일한 방법은 전반적인 상황을 이해하는 것이라고 믿는다. 나는 계속해서 기업이 어디에 있는지, 이사회, 노동조합, 직원들과 더불어 어디로 나아가야 하는지에 관해 내가 아는 것들을 끊임없이 공유한다. 비전이 현실이 되려면, 그것은 '자신의' 비전이 되어야 한다.

MOMENTS
OF TRUTH

10장

무엇으로
성과를 평가하는가?

우리는 서비스 중심의 기업이 할 수 있는 가장 기본적인 실수를 저지르고 있었다. 즉, 어떤 서비스를 약속하면서 성과는 다른 것으로 측정하고 있었다. 우리는 정확하고 빠른 배송을 약속했음에도 화물의 규모 및 서류에 적힌 것과 실제 소포가 일치하는지만을 평가했다. 화물이 약속한 날짜보다 4일이나 늦게 배송되었을 때조차 연착이라고 기록되지 않았다. 성과 기준이 바뀌어야 했다.

스칸디나비아 항공에서 사장 자리에 올랐을 때, 나는 화물 운송 분야에 새로운 평가 기준을 도입했다. 민간 항공사들은 효율성과 수익성을 최대로 끌어올리기 위해 비행기의 '빈 공간'을 화물로 최대한 채우고자 한다. 그래서 스칸디나비아 항공 화물 사업부는 언제나 비행기에 실은 화물의 양 혹은 비행기에 빈 공간이 얼마나 남았는지를 기준으로 성과를 평가받았다.

그러나 우리는 곧 잘못된 기준을 가지고 화물 사업부를 평가해왔다는 사실을 알아챘다. 이것은 화물 고객의 요구와는 아무런 상관없는 '경영진'이 세운 목표였다. 실제로 화물 고객들은 도착 시간이 정확하게 지켜지는지, 지정한 장소로 직접 배송이 되는지에 더 많은 관심이 있었다. 그래서 우리는 전략을 수정하고 새로운 목표를 세웠다. 배송 분야에서 가장 정확한 항공사가 되는 것이었다.

사실 우리는 정확성의 측면에서 잘하고 있다고 생각했다. 화물 사업부 직원들은 목적지까지 제 시간에 도착하지 못한 화물이 소량에 불과하다고 보고했다. 그래도 검증은 필요했다. 이를 위해 소포 100개를 유럽 전역에 걸쳐 다양한 주소지로 보냈다. 그런데 결과는 처참했다. 예상대로라면 소포들은 하루 뒤에 도착해야 했다. 그러나 이 소포들은 평균적으로 4일 늦게 도착했다. 배송의 정확성이 엉망이었던 것이다.

우리는 서비스 중심의 기업이 할 수 있는 가장 기본적인 실수를 저지르고 있었다. 즉, 어떤 서비스를 약속하면서 성과는 다른 것으로 측정하고 있었다. 우리는 정확하고 빠른 배송을 약속했음에도 화물의 규모 및 서류에 적힌 것과 실제 소포가 일치하는지만을 평가했다. 화물이 약속한 날짜보다 4일이나 늦게 배송되었을 때조차 연착이라고 기록되지 않았다. 성과 기준이 바뀌어야 했다.

과거의 업무 방식에 따를 때, 상부에서 마련한 기준은 일반적으로 서류나 중간 관리자를 통해 조직 전반으로 하달된다. 직원들은 그저 이 기준을 따른다. 기준이 애매모호하면 결과 역시 애매모호해진다. 야심찬 기술 관리자는 품질 향상을 위해 엄청난 비용을 투자하는 반면, 신중한 관리자는 비용을 철저하게 관리하기 위해 비용이 제대로 쓰이고 있는지 보여주는 '적합성'에 주목할 것이다.

반면 책임이 분산된 조직에서는 모든 직원이 목표가 무엇인지, 목표를 어떻게 성취할지 정확하게 이해한다. 일단 현장 직원들(중간 관리자의 지원을 받아)이 구체적인 의사 결정을 내리기 위한 책임을 떠안을 때, 그들이 내리는 의사 결정이 기업의 전반적인 목표 달성에 기여하는지 확인하기 위해서는 정확한 피드백 시스템이 마련되어야 한다. 고객 중심 기업에서 성과 측정은 고객이 중요하게 생각하는 서비스에 직원들이 얼마나 에너지를 집중하고 있는지를 기반으로 이루어진다.

성과 측정은 고객 서비스에도 영향을 미치지만 고객과 직접 대면하지 않는 직원들에게 특히 중요하다. 발권 담당자는 고객으로부터 하루에 수백 번 직접적인 피드백을 얻는다. 반면 수하물 관리자는 그렇지 않다. 실제로 화물을 싣고 내리는 작업은 스칸디나비아 항공에서 가장 잘 드러나지 않는 업무 분야다. 이들은 비좁은 화물 구역으로 들어가서 가방을 끌어내 운반 차량에 싣고 컨베이어벨트에서 하역한다. 수하물 관리자는 승객과 한 번도 직접적으로 접촉하지 않으며, 그렇기 때문에 승객으로부터 긍정적이거나 부정적인 피드백을 얻지 못한다.

그래서 이들이 얼마나 목표를 충족시키고 있는지 측정하기 위한 기준을 따로 마련해야 한다. 가령 스톡홀름에 있는 알란다 국제공항에는 뛰어난 수하물 관리자 팀이 일하고 있다. 그들은 스칸디나비아 항공이 비즈니스 승객의 만족을 추구하고 있다는 사실을 충분히 인식하고 있으며, 전체 스칸디나비아 항공 운영이 효과적으로 돌아가는 것이 얼마나 중요한지 잘 이해한다.

우리는 승객이 수하물 찾는 곳에 도착하기 전에 승객들의 짐을 컨베이어벨트까지 옮겨놓는 것을 목표로 세웠다. 이러한 시스템이 작동하기 위해서 수하물 관리자들은 그들이 언제 목표를 달성했고, 언제 그러지 못했는지 알아야 한다. 결과를 감시하는 시스템이 필요한 정보를 제공할 것이다. 이러한 정보는 또한 그들의 상사가 칭찬을 할지 아니면 건설적인 비판을 할지 판단하는 근거가 된다.

이 시스템은 당연히 올바른 기준으로 측정하는 시스템이어야 한다. 우리는 스칸디나비아 항공의 화물 사업부가 화물의 양과 그에 따른 서류 작업을 기준으로 정확성을 평가한다는 사실을 알고 깜짝 놀랐다. 화물과 서류가 분리될 때, 화물 담당자는 이를 오류로 기록했지만 그렇지 않을 때는 일이 제대로 처리되었다고 기록했다. 화물이 얼마나 늦게 도착했는지는 아무런 상관이 없었다. 오로지 회전율을 측정하는 모니터링 시스템은 물량이 계속 새로운 기록을 세우고 있다는 사실을 보여주었지만, 서비스는 지속적으로 악화되고 있었다.

우리는 화물 사업부 직원들에게 새로운 측정 방안을 내놓을 것을 요구했다. 이에 그들은 '퀄리카고'QualiCargo라는 시스템을 내놓았다. 서비스의 정확성을 중심으로 성과를 측정하는 방식이었다. 얼마나 신속하게 전화에 응답했는가? 약속된 일정을 맞추었는가? 화물은 예약한 비행기에 실제로 도착했는가? 비행기가 착륙해서 고객이 화물을 찾을 준비가 되기까지 얼마의 시간이 필요한가?

우리는 측정 결과를 매달 발표했다. 퀄리카고 보고서에는 다양한 터미널의 성과를 각 항목별 기준으로 비교한 데이터가 포함되었다. 데이터는 어디가 가장 잘하고 어디가 가장 못하는지를 시각적으로 보여주었다. 목표를 달성한 곳은 별점과 함께 운영 관리자인 매츠 미첼의 칭찬을 받았다. 그러지 못한 곳은 몇 가지 질문에 답을 준비해야 했다.

초기에 우리는 퀄리카고 보고서를 발행하는 것으로 많은 비판을 받았다. 전통적으로 스칸디나비아 사람들은 공개적으로 서로를 비난하지 않는다. 어떤 이들은 우리 직원들이 이 같은 비판 시스템에 제대로 적응하지 못할 것이라고 지적했다. 그러나 결국 우리 직원들이 해냈다. 우리가 이 시스템을 시작했을 무렵에는 전체 화물의 80퍼센트만 예정된 시간에 도착했다. 그런데 지금은 이 비율이 92퍼센트로 높아졌다.

직원들이 예전보다 더 열심히 일해서 그런 걸까? 아니다. 스칸디나비아 항공의 화물 사업부 직원들은 언제나 열정적으로, 헌신적으로 일을 해왔다. 더욱 정확한 평가 시스템이 이전에는 인식하지 못했던 문제를 보여주었을 뿐이다. 이에 따라 업무를 처리하는 방식과 자원을 분배하는 방식도 자연스럽게 달라졌다.

예를 들어 퀄리카고 보고서는 화물을 뉴욕으로 보내는 데 특히 오랜 시간이 걸린다는 사실을 보여주었다. 뉴욕에 있는 화물 직원은 문제를 확인한 뒤 기발한 해결책을 내놓았다. 직원들은 화물 터미널의 한쪽 벽을 말 그대로 '헐어버리고' 하역 창구를 만들었다. 이를 통해 병목현상을 없애고 배송 시간을 즉각적으로 앞당길 수 있었다.

왜 이전에는 누구도 이런 해결책을 생각해내지 못했을까? 아무도 문제가 있다는 사실을 알아채지 못했기 때문이다. 퀄리카고 보고서가 화물을 수취인에게 배송하는 데 걸리는 시간을 정량화하기 전까지 아무도 뉴욕이 다른 지역보다 필요 이상으로 느리다는 사실을 인식하지 못했다. 퀄리카고 보고서는 처음으로 뉴욕을 코펜하겐과 스톡홀름을 비롯한 전 세계 다른 지역과 비교해서 보여주었다. 우리는 올바른 기준으로 서비스를 측정함으로써 문제가 있는 부분을 확인하고 개선책을 고안해냈다.

하지만 정확성과 속도의 향상이 가시적인 평가에서 비롯된 것만은 아니었다. 그보다는 화물 직원들이 스칸디나비아 항공의 고객에게 무엇이 중요한지를 새롭게 깨달은 것이 중요했다. 새로운 전략과 평가는 재무 정보와 통합되었고, 모두가 일상적인 의사 결정이 재무 성과에 미치는 영향을 분명하게 확인할 수 있게 되었다. 그 결과, 직원들은 이제 수익성이 높은 활동에 집중한다.

물론 배송을 최대한 빨리 처리하는 것은 예전에도 중요한 일이었다. 하지만 이제 스칸디나비아 항공의 화물 사업부 직원 모두가 정확성이 중요하다는 사실뿐 아니라 왜 중요한지(고객이 정확성에 대해 요금을 지불하기 때문에)를 이해하며, 정확성을 구성하는 요소가 무엇인지 정확하게 알고 있다. 그들이 가장 중요하게 여기는 것은 전화에 응답하고, 배송을 예약하고, 화물을 수취하고, 화물을 서류와 함께 넘기고, 화물과 서류 작업을 하나로 통합하고, 고객이 화물을 찾도록 준비하고, 고객에게 언제 배송이 준비되는지를 알려주는 일이다.

화물 사업부 직원들이 업무에 대한 시각을 달리하면서

일상적인 업무에 접근하는 방식도 크게 달라졌다. 화물 사업부 직원들은 더 이상 상사의 지시를 기다리지 않는다. 관리자는 휴식 시간과 교대 근무 일정을 짜느라 시간을 허비하지 않아도 된다. 모두가 언제 일을 처리하고 언제 휴식할지 알기 때문이다. 덕분에 불필요하게 서두르는 모습이 사라졌다. 무엇보다 직원들 스스로 에너지와 열정, 즉 업무를 올바로 처리하려는 의지를 높였다. '올바른' 기준을 확인하고 성과를 평가하는 작업은 이제 훨씬 더 수월해졌다.

MOMENTS
OF TRUTH

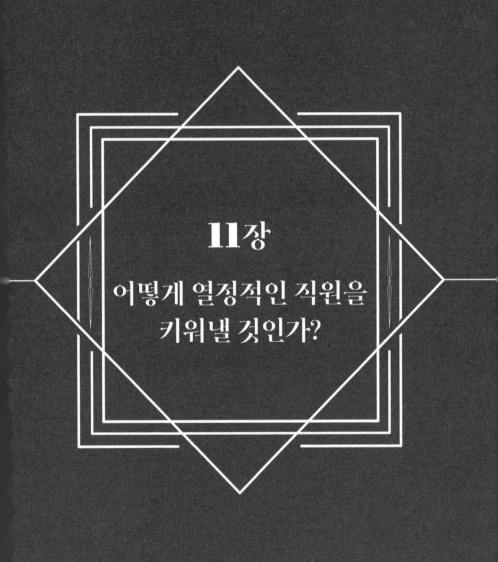

11장

어떻게 열정적인 직원을
키워낼 것인가?

우리 '모두'는 보상을 원한다. 우리는 자신이 하는 일에 자부심을 느낄 때 더 열심히 일한다. 물론 유능한 직원은 자신의 노력에 걸맞은 보상을 받는다. 그러나 적절한 책임을 지고, 다른 동료의 신뢰와 관심을 받는 것은 개인적으로 훨씬 더 만족감을 주는 보상이다. 리더는 직원들이 업무에서 무엇을 원하는지, 그들의 목적은 무엇인지, 어떻게 발전할 것인지를 이해함으로써 직원들의 자존감을 높일 수 있다.

1982년 12월 어느 날, 스칸디나비아 항공에서 일하는 모든 직원이 소포 상자 하나를 받았다. 상자를 열자 초침이 비행기 모양인 멋진 금장 시계가 들어 있었다. 직원들이 자유롭게 이용할 수 있는 무료 여행 규정을 설명하는 쪽지도 있었다(전 세계 항공사가 직원에게 제공하는 특전이다). 또한 '20세기의 전쟁'이라는 제목의 두 번째 빨간 소책자와 파티 초대장, 마지막으로 두꺼운 고급 종이에 인쇄된 나의 편지가 있었다. 그 편지에서 나는 스칸디나비아 항공이 최악의 손실에서 벗어나 역사상 최고의 수익을 올렸던 그해에 그들이 했던 위대한 일에 대해 감사를 표했다.

소포 내용물은 그리 대단하지 않았지만 소포를 받은 사람은 대단히 기뻐했다. 많은 직원이 다음과 같은 감사의 편지를 보내왔다. "우체국에서 소포를 받고는 너무 기뻐서 울 뻔했습니다. 스칸디나비아에서 일하는 동안 제가 한 일로 개인적인 감사를 받아본 것은 이번이 처음입니다. 무엇보다 제가 그만한 일을 해냈다는 자부심이 듭니다."

물론 직원들은 스칸디나비아 항공에서 일하는 모두가 미리 인쇄된 같은 내용의 편지를 받았다는 사실을 알았다. 그럼에도 직원들은 이 선물을 기업 경영진이 그들의 노고에 개인적으로 감사를 표한다는 증거로 받아들였다.

우리는 직원 2만 명에게 스칸디나비아 항공이 위기에서 벗어날 수 있도록 동참해달라고 요청했다. 이제 직원들이 감사를 받을 차례였다. 직원들에게도 한숨을 돌릴 여유가 필요하다. 모든 직원은 일을 훌륭하게 해냈다는 칭찬을 들어야 한다. 이 방법으로 우리는 직원들에게 동기를 부여하고 직원들이 자존감과 열정을 유지하도록 만들었다.

우리의 '보상' 프로그램은 두 단계로 이루어져 있다. 하나는 직원들의 노고에 대한 개별적인 감사로 시계를 선물하는 것이고, 그다음은 전체에 대한 감사의 의미로 파티를 여는 것이다. 시계는 우리 직원들에게 어울리는 선물이었다. 시계는 감사의 표현인 동시에 세계에서 가장 시간을 잘 지키는 항공사가 되고자 하는 우리의 의지를 보여주었다.

다음으로 우리는 모든 직원을 위해 파티를 열었다. 우리는 파티를 통해 스칸디나비아 항공이 거대한 조직이면서 실제로는 하나의 '집단'이라는 사실을 강조하고자 했다. 당시 스톡홀름에서 열린 파티에만 4천 명의 직원이 참석했다. 여기에는 정비공, 조종사, 화물 직원, 사무장, 승무원, 비서, 영업사원, 컴퓨터 기술자 등 개인적인 목표만이 아니라 집단적인 목표를 달성한 모두가 포함되었다.

스칸디나비아 항공의 성공은 사실 리니에플뤼그부터 시작되었다. 리니에플뤼그에도 비슷한 성공 사례가 있었다. 그곳에서도 직원들의 뜨거운 열정과 참여 덕분에 조직이 변화했고, 이를 통해 수익을 크게 개선했다.

리니에플뤼그에서는 파티 열기가 쉽지 않았다. 직원 1천 2백 명 중 절반이 야간에 일하고 나머지 절반이 주간에 일했기 때문에, 파티를 열 수 있는 시간은 모두가 일을 하지 않는 자정에서 아침 6시 사이뿐이었다. 이 때문에 장소 선정도 쉽지 않았다. 직원들은 저녁에 스톡홀름에 위치한 비행기 격납고에서 모일 수밖에 없었다. 격납고는 파티를 열기에 적합한 장소가 아니었지만 참석한 모든 직원은 대단한 파티였다고 이야기했다. 실제로 이 파티는 리니에플뤼그에서 일하는 모든 사람이 한 자리에서 만나 이야기를 나눌 수 있는 첫 번째 기회였다.

이렇게 우리는 일 년에 한 번 시계를 선물하고 파티를

열지만, 사실 직원들은 일상에서 거의 인정받지 못한 채 열심히 일한다. 안타깝게도 많은 조직이 직원을 평가할 때 실수를 했는지 아닌지에만 초점을 둔다. 일을 잘했는지 못했는지 혹은 일을 전혀 안 했는지는 좀처럼 언급하지 않는다. 그러나 침체기가 찾아왔을 때, 아무도 성과에 관심을 갖지 않고 있으면 직원들의 사기가 저하될 수 있다. 직원들은 이렇게 생각할 것이다. "내가 일을 하나 망친다고 무슨 차이가 있을까? 누가 알기나 할까? 왜 굳이 최선을 다해야 할까?"

모든 사람은 자신의 노력을 인정받고 싶어한다. 우리가 하는 일과 그로 인해 얻는 인정은 자존감을 높인다. 특히 서비스 중심적인 기업에서 직원들의 자존감과 업무 현장의 사기는 고객 만족에 중대한 영향을 미친다. 칭찬 한마디가 엄청난 힘이 된다.

하지만 그것도 정당한 근거가 있을 때의 이야기다. 아무런 이유 없는 칭찬은 받는 사람의 입장에서 무관심을 느끼게 만드는 모욕이 될 수 있다. 예를 들어 스칸디나비아 항공에서 우리는 파업의 피해를 줄이는 데 협조한 직원들에게 감사의 편지를 보냈다. 그런데 실수로 파업과 관련 없는 직원들에게도 편지를 보내버리고 말았다. 이로 인해 직원들 사이에 혼란과 분노가 일었고, 우리의 좋은 의도는 변질되고 말았다.

기업은 일상에서 아주 다양한 방식으로 직원들의 자존감을 높일 수 있다. 가령 유니폼을 통해서도 가능하다.

스칸디나비아 항공에서 비즈니스 여행 시장에 집중하기로 결정한 후, 우리는 유니폼의 색상과 디자인을 다시 검토했다. 우리가 여행 시장에 집중했다면, 밝고 스포티한 유니폼을 선택했을 것이다. 그러나 비즈니스 승객을 위한 항공사로서 우리는 정장에 어울리는 유니폼을 선호했고, 최종적으로 캘빈클라인에서 디자인한 짙은 푸른색에 보수적인 스타일의 유니폼으로 결정했다.

만일 직원들의 기여가 없다면 기업이 비즈니스 시장에서 살아남고자 하는 노력도 모두 수포로 돌아갈 것이다. 직원들은 근무 내내 유니폼을 입는다. 그러니 우리는 직원들이 자랑스러워할 만한 유니폼을 마련할 의무가 있다. 그래서 2만 명을 위한 새로운 유니폼에 4백만 달러를 투자하기로 결정했다. 새로운 기내 카트와 모든 직원을 위한 서비스 교육 프로그램과 마찬가지로, 유니폼은 새로운 스칸디나비아 항공의 상징이 되었다. 유니폼을 통해 우리는 현장 직원에게 이런 메시지를 전했다. "우리는 여러분에게 투자했습니다. 여러분은 소중하니까요." 이 메시지는 새로운 스칸디나비아 항공의 정체성이 경영진뿐 아니라 모든 직원의 일상적인 태도를 포함하여 조직 내 모든 구성원에게 영향을 미친다는 사실을 보여주는 명백한 증거였다.

우리는 디자이너 컬렉션에서 새로운 유니폼을 대중에게 공개했다. 밴드의 연주와 미리 녹음된 "Love Is in the Air"의 디스코 버전이 배경 음악으로 흐르는 가운데, 완전히 새로운 기업 정체성이 세 군데(오슬로와 스톡홀름, 코펜하겐의 스칸디나비아 항공 격납고)에서 거의 동시에 공개되었다. 행사장에는 직원과 언론, 교통부를 비롯한 관련 기관 인사들이 참석했다. 모델은 직원들이 맡았고, 나 또한 최고경영자 자격으로 흰색 재킷을 입고 화려하게 마지막 무대를 장식했다. 우리는 행사에 참석한 모두에게 식사와 음료를 제공했다. 사람들의 반응은 어땠을까? 곳곳에서 열정적인(그리고 때로는 감격적인) 환호가 터져나왔다. 우리는 새로운 유니폼을 자랑스럽게 공개함으로써 직원과 언론 및 대중에게 우리가 힘찬 변화의 과정을 걸어 지금 여기까지 왔다는 사실을 알렸다.

피라미드 구조를 허물어뜨린 기업에서는 직원들의 자존감을 높이는 일이 특히 중요한 과제다. 수직적인 구조에서는 권력의 상징으로 사무실, 직함, 연봉 같은 것을 강조했다. 이러한 조직에서 '승진'이란 유능한 직원을 중요한 자리에서 실체가 없는 자리로 이동시키고 연봉을 올려주는 것을 의미했다. 많은 유능한 직원이 고위 경영진이 내린 판단에 따라 자리를 이동했다.

상징도 물론 중요하다. 과거 중국 군대는 계급을 나타내는 모든 시각적인 요소를 제거하려고 했다. 그러자 가슴 주머니에 꽂은 펜이 영예로운 훈장과 장식의 자리를 대신했다. 펜의 수와 색상, 크기가 그 사람의 계급을 보여주었다.

나는 직원에게 진정한 만족감과 자존감을 선사하는 조직은 조직 자체와 구성원들에게 더 솔직한 조직이라고 생각한다. 훌륭한 성과를 보인 직원에게 잘 정의된 책임과 신임을 부여하는 것이 좋은 보상이다. 유능한 직원이 능력을 발휘하고 성장하도록 돕는 일은 경영자에게 힘든 과제 중 하나다. 허울뿐인 승진에만 기대어 감사를 보여주려는 것은 실패를 인정하는 것과 다를 바 없다.

우리는 스칸디나비아 항공에서 현장 직원에게 책임을 부여함과 동시에, 승진에 관한 사람들의 인식을 바꾸기 위해 노력했다. 피라미드를 허물어뜨린 기업에서 '위로' 올라간다는 것은 반드시 더 나아지는 것을 의미하지 않는다. 나는 직원들이 중요한 것을 성취할 기회를 부여받았을 때 승진이 되었다고 느끼기를 바랐다. 비록 그럴듯한 직함이나 높은 직급을 떠올리게 하는 상징은 따르지 않는다고 해도 말이다.

나는 스칸디나비아 항공의 현장 직원들은 다른 기업의

경영자와 임원들의 얼굴이 하얘질 정도로 자신의 업무를 잘 설명할 수 있어야 한다고 믿는다. 우리 직원들은 이렇게 말해야 한다. "저는 다른 직원들보다 두 배나 많은 책임을 지고 있었습니다. 하지만 실제로는 아무런 영향력이 없었죠. 그래요. 저는 큰 사무실에서 일했지만 직원이나 고객을 만날 기회가 없었어요. 이제 저는 제가 필요한 곳, 즉 제가 정말로 일할 수 있는 곳으로 가고 싶습니다."

간단하게 말해서 최고의 보상은 자신의 일에 관한 자부심이다. 내가 스톡홀름대학교 경제학과를 졸업하고 빙레소르에 입사했을 때, 존경했던 분들이 인상을 찌푸렸던 것이 기억난다. 내가 존경하는 교수님은 내가 불안정한 분야에서 시간을 허비하고 있다고 말씀하셨다. 아버지는 자동차 판매 회사에서 경리로 일을 시작한 사촌이 인정받는 전문적인 자리로 나아가고 있다는 말씀을 하셨다.

두 분은 시간이 흘러도 내 직업 선택을 마음에 들어하지 않으셨다. 교수님은 내게 다른 일자리를 알려주시곤 했다. 아버지는 내가 미래가 없는 일로 허송세월을 보내고 있다고 생각하셨다. 나는 두 분의 성화에 못 이겨 적성에 맞지 않는, 새롭게 문을 연 관공서인 스웨덴 정보표기연구소 과장 자리에 지원하기도 했다.

다행스럽게도 나는 입사를 허가받지 못했다. 빙레소르

사무실로 돌아왔을 때, 나는 내가 무엇을 원하는지 점점 더 확신이 없어졌다. 그러던 어느 날 한 고객이 전화를 걸어 다음 시즌에 가이드 여행을 떠나려고 하는데 어디가 좋을지 물었다. 나는 그에게 우리 회사 가이드가 스위스와 독일이 맞닿은 보덴 호수 지역 여행을 담당하고 있다고 설명했다.

고객의 대답은 이랬다. "오, 아쉽군요. 우리는 이미 여러 차례 그곳을 다녀왔거든요. 이번에는 다른 곳으로 가고 싶어요. 10년 전 아내와 함께 이집트를 갔었고, 그때 그 가이드가 안내를 맡아줬죠. 칼슨씨, 그가 인솔한 여행은 우리 삶에서 최고의 14일이었어요! 그 후로도 우리는 그가 담당하는 여행을 선택했었죠."

그때 이런 생각이 머리를 스쳤다. '내가 사람들이 삶에서 최고의 시간을 누리도록 도와주는 일을 한다면, 세상 어떤 교수님도 내 일이 가치 없다고 말씀하지는 못하실 것이다. 아버지 또한 내가 하는 일의 가치를 더는 의심하지 않으실 것이다.'

그 고객이 내게 자신의 이야기를 들려주지 않았더라면, 나는 빙레소르에 비참한 기분으로 남아 있었을 것이다. 그 고객은 내 자존심과 자부심을 높여주었다. 또한 삶의 성공을 결정하는 기준이 무엇인지 다시 생각해보도록 나를 자극했다.

몇 년이 흘러, 나는 20년 근무 세월에서 최고의 보상을 받게 되었다.

그때 빙레소르는 아이들을 대상으로 한 서비스를 대대적으로 홍보하고 있었다. 우리는 이렇게 광고했다. "당신이 여행하는 동안 자녀를 돌봐드립니다." 아이들과 무엇을 할지 알아보기 위해서 여행 가이드, 유치원 교사, 어린이 전문가와 함께 회의를 했다. 우리는 아이들도 욕구가 있는 존재라고 생각했다. 아이들 역시 무엇이 성공적인 휴가인지에 관한 그들 나름대로의 생각이 있을 것이라고 믿었다.

우리는 아이들이 비밀을 좋아한다는 사실을 포착하여 암호와 멤버십 카드를 활용한 특별 클럽을 조직했다. 아이들이 카드에 서명을 하지 못할 경우, 엄지손가락으로 지문을 찍도록 했다. 아이들을 위해 특별히 제작한 티셔츠와 모자에는 '미니클럽'MINICLUB이라는 문구를 대문자로 새겼다. 그 클럽에는 '미니클럽 나가신다'라는 주제가도 있었다.

우리는 이러한 아이디어를 바탕으로 부모가 아닌 '아이들'을 위한 광고 캠페인을 새롭게 제작했다. 기존의 슬로건을 이렇게 바꾸었다. "엄마 아빠가 여행을 떠나도 전혀 문제가 없어요."

스페인 동부 해안에 자리 잡은 마요르카 섬의 어느 이른 아침, 나는 밖에서 들리는 노랫소리에 잠을 깼다. 누가 이렇게 이른 아침에 노래를 부르는 걸까? 노랫소리는 점점 더 커졌고, 베니스식 블라인드 틈으로 누가 노래를 부르는지 내다보았다. 아이들이 시야에 들어왔다. 티셔츠와 모자 차림의 피부가 검게 그을린 서른 명의 스웨덴 아이들이 거리를 즐겁게 행진하며 이렇게 노래를 부르고 있었다. "미니클럽 나가신다!" 자신 있게 말하건대 그때 그 뿌듯함은 어떤 연봉이나 보너스, 멋진 사무실과 임원 특전보다 내겐 더 훌륭한 보상이었다!

우리 '모두'는 보상을 원한다. 우리는 자신이 하는 일에 자부심을 느낄 때 더 열심히 일한다. 물론 유능한 직원은 자신의 노력에 걸맞은 보상을 받는다. 그러나 적절한 책임을 지고, 다른 동료의 신뢰와 관심을 받는 것은 개인적으로 훨씬 더 만족감을 주는 보상이다. 리더는 직원들이 업무에서 무엇을 원하는지, 그들의 목적은 무엇인지, 어떻게 발전할 것인지를 이해함으로써 직원들의 자존감을 높일 수 있다. 건강한 자존감은 언제나 도사리고 있는 새로운 도전 과제를 해결하기 위해 필요한 자신감과 창조성을 만들어낸다.

12장

새로운 물결이
일어나다

내일의 거친 경쟁을 위해 오늘 준비하는 자만이 승리할 수 있다. 우리의 운명을 운에만 맡기지는 않을 것이다. 어떤 상황이 펼쳐지든 간에 우리는 스스로 미래를 결정할 것이다.

더 큰 목표를 세워야 일상적인 수준을 넘어 더 멀리 바라볼 수 있다. 사람들은 일과 삶에서 도전을 원한다. 스칸디나비아 항공에서 그랬던 것처럼 우리는 큰 목표를 세움으로써 직원들을 더 행복하게 하고, 고객에게 더 나은 서비스를 제공할 것이다.

1984년에 스칸디나비아 항
공은 처음에 세운 목표를 달성했고 안도의 한숨을 내쉬었
다. 승객들은 개선된 서비스에 호의적인 반응을 보였다. 기
업의 재무 상태는 우리가 희망했던 것보다 훨씬 더 빠르게
개선되었다. 『에어 트랜스포트 월드』는 스칸디나비아 항공
을 '올해의 항공사'로 선정했다. 우리는 목표로 했던 모든
것을 달성했다.

하지만 개인적으로 1984년은 내게 고통스러운 한 해였
다. 나는 비즈니스 조직을 운영하는 데 있어 또 다른 교훈을
배웠다. "목표를 달성했을 때, 우리는 성공의 노예가 된다"
라고 덴마크 지역 책임자인 로알드 소키데가 언급했듯이,
전쟁에서 승리하는 것보다 평화를 지키는 것이 더 힘들다.

스칸디나비아 항공에서 보낸 첫해에 우리 조직 전체는

하나의 논리적인 목표를 추구했다. "우리는 수익을 올려야 한다! 하지만 비행기를 사고, 투자하고, 판매함으로써 수익을 올릴 수는 없다. 우리는 1등 서비스 기업이 됨으로써 돈을 벌어들일 것이다!" 목표는 분명했다. 우리 모두가 이 목표를 이해하고 받아들였다. 1981-84년 사이에 조직 전반이 새롭게 재편되었고 모든 구성원은 전년도 성과를 뛰어넘기 위해 최선을 다했다.

이제 우리는 목표에 도달했다. 다음에 무엇을 성취해야 할지 고민을 시작하기도 전에 말이다.

새로운 목표의 부재는 스칸디나비아 항공에 부정적인 영향을 미쳤다. 협력 분위기는 위축되었다. 직원들은 목표에 의문을 품기 시작했다. 직원들이 새롭게 창조해낸 에너지는 더욱 협소하고 개인적인 목표를 향해 흘러가기 시작했다. 스칸디나비아 항공이 다시 한번 수익을 올리자, 여러 집단이 이 수익을 어떻게 활용할지에 관해 다양한 아이디어를 내놓았다. 예를 들어 한 집단은 새로운 항공기를 도입하자고 주장했다. 또 다른 집단은 직원의 연봉을 올려주어야 할 때가 왔다고 주장했다.

여러 주장이 서로 부딪치기 시작했다. 상황을 진정시키기 위해 경영진이 할 수 있는 일은 별로 없었다. 이제 와서 직원들을 집결한다는 이유로 그들을 통제할 수는 없었다.

힘을 새롭게 모으겠답시고 예전처럼 명령이나 지시를 내릴 수는 없었다. 심지어 나는 스칸디나비아 항공이 터널에서 완전히 빠져나오지 못했다는 것을 스스로 알고 있었다. 급박한 위기는 벗어났지만, 장기적으로 살아남기 위해서는 수익을 두 배로 늘려야 했다. 그리고 스칸디나비아 항공의 모든 직원이 받아들일 수 있는 새롭고 구체적인 목표를 찾아야 했다.

고백하건대 나는 1980년에 우리가 좀 더 궁극적이고 장기적인 목표를 수립했어야 했다는 사실을 깨달았다. 즉각적인 수익 개선은 단기적인 하위 목표일 뿐이었다. 1984년에 직원들에게 다음과 같이 말해줬더라면 더욱 좋았을 것이다. "1980년부터 오늘날까지 우리는 저곳에서 여기까지 이르렀습니다. 여러분 모두의 노력 덕분이었습니다. 이제 우리는 저 너머에 있는 다음 목표를 향해 계속해서 달려나가야 합니다."

하지만 우리는 그렇게 하지 못했다. 대신 우리는 방어적인 입장을 고수했다.

예를 들어 조종사들은 신형 항공기를 구입하지 않는다고 경영진을 압박했다. 그들은 이렇게 주장했다. "1981년에 당신이 제안했던 아이디어는 대단했고 기업에 새로운 활력을 불어넣었습니다. 하지만 이제는 아이디어가 모두 메말라

버린 것 같습니다. 다른 기업들이 새 항공기를 살 때 우리는 오래된 항공기만 고집하고 있습니다."

우리는 생산 중심적 방식에서 벗어나 완전히 새로운 방향으로 나아가야 한다고 조종사들을 설득하는 데 실패했다. 조종사들은 우리 전략에서 가장 중요한 부분이 오래된 기종을 그대로 유지하는 것이라는 사실을 이해하지 못했다. 기존 항공기가 새로운 모형보다 우리가 제공하는 서비스에 더 적합했음에도 말이다.

이러한 오해는 대부분 내 실수다. 나의 발언은 일부 직원들 사이에서 분노를 자극했다. 1981년에 나는 이렇게 말했다. "조종사를 새 좌석에 앉히기 위해 새로운 항공기를 들여오는 일은 없을 겁니다. 정비공이 새 장비를 수리하도록 만들기 위해 새로운 항공기를 들여오는 일도 없을 겁니다. 우리는 비즈니스 승객에게 더 많은 가치를 제공하고 이를 통해 경쟁력을 높일 수 있을 때만 새로운 항공기를 구매할 것입니다."

이는 우리가 기술이 아닌 경쟁력에 집중하는 시장 중심적 기업이라는 사실을 내 방식대로 설명한 것이었다. 그러나 조종사와 정비공들은 다르게 받아들였다. 돌이켜보건대 그 이유를 이해하지 못할 것도 아니었다.

조종사들은 이런 말을 주고받았다. "우리가 그저 가지고 놀기 위해 새로운 비행기를 원한다고 생각하나 보지?" 마찬가지로 정비공들은 이렇게 쑥덕거렸다. "승객들의 요구만 중요한가? 우리가 비행기를 가지고 장난을 치고 있다고? 우리가 전문가라는 사실을 모른단 말인가?"

물론 직원들은 항상 그들 나름의 생각을 갖고 있었다. 하지만 성공을 향한 초기 단계에는 그러한 생각을 묻어두게 마련이다. 그러나 이제 목표를 달성했고 직원들은 자신들의 생각을 드러낼 방법을 찾기 시작했다. 경영진과 직원 간의 신뢰에도 금이 가기 시작했다.

한 사례는 지극히 감정적인 사안이라 할 수 있는 '안전'을 둘러싸고 불거진 논쟁이었다. 1981년 우리가 생산 중심에서 시장 중심 기업으로 전환했을 때, 서비스에 지나치게 집중한 나머지 기술적이고 운영적인 측면을 소홀히 하고 말았다. 그 실수는 내 책임이 크다.

나는 중대한 착각을 했다. 그 무렵 나는 모두가 안전과 기술적 품질이 절대 양보할 수 없는 중요한 측면이라고 생각한다고 믿었다. 내가 서비스에 관해 말할 때 그것은 '총체적' 서비스를 의미했다. 고객이 요금을 지불함으로써 얻는 총체적 서비스에서 가장 중요한 요소는 다름 아닌 안전이었다.

하지만 많은 직원이 오해를 했다. 직원들은 서비스를 단지 수속이나 탑승할 때 거쳐가는 단계쯤으로 생각했다. 그러나 우리가 조종사나 정비공에게 안전보다 정시 출발을 더 우선시하라고 한 적은 단 한 번도 없다.

논란은 조직 내부에서 시작되었다. 그러나 불만을 품은 스칸디나비아 항공 직원들이 유명 스웨덴 신문사들에 안전 결함을 '폭로'하겠다는 익명의 제보를 함으로써 사태는 외부로 퍼지기 시작했다.

우리는 수세에 몰렸다는 생각으로 안전위원회를 설립했다. 우리는 외부 컨설턴트를 고용하여 전반적인 운영을 조사하고 우리 항공사의 운영이 국제적인 기준으로 어느 수준인지 보고하도록 했다. 그리고 최고의 안전 기록을 입증하기 위해 일부러 가장 공격적인 신문사를 만났다. 외부인의 시선으로 볼 때, 방어적인 입장은 뭔가 잘못이 있음을 암묵적으로 인정하는 꼴로 비춰질 수 있기 때문이었다. 실제로 우리의 비행은 한 번도 위험에 처한 적이 없었다. 스칸디나비아 항공은 오스트리아 항공과 더불어 세계적으로 최고의 안전 비행 기록을 보유하고 있었다. 이런 노력으로 오해를 바로잡고 난 후에는 상업적인 운영과 기술적(안전) 운영 사이 적절한 균형을 유지해오고 있다.

이후 또 다른 직원들이 연봉 인상을 요구해왔다. 스웨덴 승무원들은 다른 스칸디나비아 국가에 있는 동료와 비교해

정당한 대우를 받지 못한다고 느꼈다. 그들은 전반적인 임금과 연봉 시스템을 재검토해줄 것을 요구했다.

다시 한번 경영진은 한 걸음 물러섰다.

우리가 직원들을 단체로 만날 때마다 직원들에게 자유 여행을 더 많이 허용하고 승무원의 식사 시간을 위해 협력하고 휴가 시스템을 개선하는 것으로 회의가 끝이 났다. 그때마다 우리는 "그렇게 하겠습니다" 혹은 "생각해보겠습니다"라고 답했다. 그러나 우리는 직원들의 끝없는 요구를 만족시키면서 실질적인 발전을 이루어내지는 못하고 있었다.

한번은 회의가 끝나고 내 가까운 친구이자 동료가 나를 찾아와 이렇게 말했다. "얀, 이렇게 계속할 수는 없어. 이제 우리가 다시 그들에게 책임을 요구할 차례야."

물론 나도 알고 있었다. 경영진은 스칸디나비아 항공에서 확립했던 최고의 정신을 어떻게든 유지하기 위해 적극적으로 의견을 내야 했음에도 도리어 우리를 향한 요구만 계속 수용하고 있었다.

우리는 고유한 목표를 세우고 직원들에게 책임을 요구해왔다. 하지만 이제 목표가 사라졌고 상황이 역전되었다. 우리는 새로운 에너지와 새로운 동기를 해방시켰다. 그러나 목표를 달성한 이후로 직원들은 개별적인 목표를 세우기 시작했고 여러 방향으로 흩어지면서 기업에게 서로 다른 요구를 해왔다. 경영진이 공동의 목표를 향해 다시 한번 모든 힘을 끌어모아야 한다는 사실이 분명해졌다.

그다음에 있었던 대규모 직원회의에서도 우리는 다시 한번 요구의 늪에 빠졌다. 이번에 나는 이렇게 제안했다. "스칸디나비아 항공에게 가지고 있는 불만을 목록으로 한번 작성해봅시다."

목록에 적힌 불만들은 오래전부터 제기되었던 것과 동일했다. 나는 물었다. "나머지는 만족하십니까? 그렇다면 좋습니다. 스칸디나비아 항공의 95퍼센트는 좋다는 뜻이군요. 이제 우리는 나머지 5퍼센트에 주목할 것입니다. 주어진 시간에 문제를 바로잡을 것을 약속합니다. 각각의 문제를 해결할 책임을 진 사람이 제가 아니라 여러분께 진행 상황을 보고할 것입니다."

그러고 나서 화제를 전환했다. "여러분이 제기한 문제에 관해 논의했으니 지금부터는 제가 여러분에게 요구하는 것을 이야기해보도록 하겠습니다." 그리고 나는 경영진이 기대하는 것, 특히 현장 직원들에게 기대하는 것이 무엇인지 말했다. 그것은 더 적은 비용으로 더 높은 서비스를 제공하고, 수익 창출에 기여하지 않는 예산을 삭감하는 것이었다. 무엇보다 비즈니스 승객을 위한 항공사임을 자처하는 우리의 의지를 재확인했다. 물론 이러한 '요구'는 생소한 것이 아니었다. 이는 고객 중심 기업의 핵심이었다. 동시에 나는 직원들에게 우리의 가장 중요한 책임을 상기시켰다. 요금을 지불하는 고객들에게 합당한 서비스를 제공하는 것 말이다.

나는 직원들이 나의 발언에 어떤 반응을 보일지 전혀 예상할 수 없었다. 하지만 뜻밖에도 내가 받은 것은 박수갈채였다. 이후로 열 명 이상의 직원이 내게 비슷한 이야기를 했다. "우리를 일깨워주셨어요! 우리는 지금껏 멋진 일들을 해왔습니다. 다시 협력하여 목표를 달성해내는 것은 우리의 몫입니다. 우리의 요구에 신경 써주신다면 직원들의 뜨거운 열정을 다시 느끼시게 될 겁니다!"

우리의 마지막 공세에 직원들의 사기도 즉각적으로 높아졌다. 물론 그중 일부는 심리적인 요인에서 비롯된 것이었다. 모든 사람은 도전을 원한다. 우리가 직원들의 요구를 충족시켜주겠다고 약속하고 직원들이 새로운 차원의 서비스를 향해 도전하도록 격려했을 때, 상호 존중의 분위기가 회복되었다.

문제가 완전히 끝난 것은 아니었다. 우리에게는 여전히 전사를 아우를 새로운 목표가 필요했고, 이를 중심으로 모두가 다시 한번 힘을 모아야 했다.

나는 스칸디나비아 항공의 모든 사람이 참여할 만한 목표를 수립하기 위해 머리를 쥐어짰다. 회사에서 누군가를 만날 때마다 나는 이렇게 물었다. "우리 회사 직원들이 가장 관심을 가지는 게 뭡니까? 직원들이 일을 할 때 무슨 생각을 합니까? 무슨 걱정을 하죠? 어떤 부분에서 위험을 맞닥뜨립니까?"

이러한 질문에 많은 직원이 하나의 주제를 언급했다. 스칸디나비아 항공을 비롯한 유럽 항공사들은 수년 동안 우리를 치열한 경쟁에서 보호해주는 환경에서 사업을 운영해왔다. 반면 미국 항공 산업은 규제가 철폐된 후 치열한 경쟁 국면으로 접어들었다. 만약 유럽 항공 산업에서 각종 규제가 철폐되면 어떻게 될 것인가? 어느 날 갑자기 경쟁자들이 몰려와 우리 고객들을 쫓아다니기 시작하면 이 고요한 시장에 과연 무슨 일이 벌어질까?

이는 스칸디나비아 항공에 있는 모든 직원에게 위협이 될 만한 일이었다. 이 위협을 기업의 자원을 집결하기 위한 새롭고 긍정적인 목표로 전환할 수 있을까?

나는 미국에서 금융 산업 규제가 철폐되었을 때 무슨 일이 일어났는지 생생히 기억한다. 단 하나의 기업만이 무엇이 오고 있는지를 보았다. 이 기업의 경영진은 5년 동안 매월 직원들을 모아놓고 이렇게 물었다. "우리가 자유 경쟁에 직면하면 무슨 일이 벌어질까요? 우리 분야에 무슨 일이 일어날까요? 새로운 환경이 어떤 영향을 미칠까요?" 규제 철폐가 시작되었던 날, 이 기업은 만반의 준비가 되어 있었다. 어디에 새로운 기회가 있는지 알았고, 기회를 잡았다. 그럼으로써 근시안적인 경쟁자보다 크게 앞서 나갔다.

나는 미국의 항공 산업에서도 똑같은 사건을 목격했다. 규제 철폐를 가장 잘 대비하고 있었던 두 기업은 아메리칸 항공과 유나이티드 항공이었다. 미리 예상하지 못한 항공사들에게 규제 철폐는 지옥의 시작이었다. 반면 두 항공사에게 규제 철폐는 새로운 기회였다. 오늘날 두 항공사는 미국 시장의 항공 산업을 이끌고 있으며 세계적인 기준으로도 높은 수익성을 기록하고 있다.

더 자유로운 경쟁에 대비하는 전략은 스칸디나비아 항공에서 세운 새로운 전략의 핵심이 되어야 했다. 이미 조직 내에 존재하는 우려의 목소리를 어떻게 활용할 수 있을까? 불안한 상황에 맞서기 위한 목표를 건설적으로 수립할 수 있을까? 단지 자유 경쟁 세상에서 살아남는 것이 아니라 진보하기 위해 조직을 개선할 만한 목표를 세울 수 있을까?

나는 직원들의 관심사를 정확히 자극했다는 생각이 들었다. 우리는 새로운 목표를 개발하지 않았다. 다만 이미 오랫동안 이어져왔던 관심사 하나를 수면 위로 끌어올렸다.

우리는 새로운 목표를 확인한 뒤 전략을 세우기 시작했다. 처음으로 미국에서 규제 완화가 어떤 영향을 끼쳤는지 분석했다. 새로운 비즈니스 환경에서는 필연적으로 수익이 줄어든다. 경쟁자들은 가격을 낮춘다. 새로운 진입자가 등장한다. 기업은 기존의 자리를 지키기 위해 싸워야 하고, 더 이상 저절로 수익이 보장되지 않는다.

오늘날 미국 항공사들이 규제가 있던 기존 환경보다 효율성을 더 추구한다는 사실은 결코 우연이 아니다(그들은 비용을 약 25퍼센트나 절감했다). 또한 미국 항공사들이 유럽 항공사들보다 더 효율적인 것도 우연이 아니다. 시장 점유율과 수익이 보장되지 않는 비즈니스 환경에서 살아남기 위해 기업은 비용을 절감해야만 한다.

그러나 효율성을 높이는 것만을 목표로 한다면 1984년에 직면했던 것과 똑같은 상황에 처하게 될 것이다. 단기적으로는 효과가 있겠지만 안전이나 기술적 표준과 같은 문제에 관한 우려가 다시 수면 위로 떠오를 것이다. 최악의 순간에 극단적으로 효율성을 강조하면 서비스 품질이 훼손될 뿐 아니라 조직도 치명적인 피해를 입을 것이다. 우리는 비즈니스 승객을 위한 고품질 서비스에 기반을 둔 활력 있고 수익성 높은 조직을 구축했다. 이제 와서 효율성이라는 명목으로 이를 희생시킬 수는 없었다. 안전 또한 타협의 대상이 아니었다. 효율성은 거시적인 전략의 일부가 되어야 했다.

이 지점에서 우리는 시대적 과제를 성공시킨 스칸디나

비아 항공의 인상 깊은 역사에 주목했다. 1950년대 민간 항공 산업이 성장하는 동안 스칸디나비아 항공은 운항 기술 개발의 최전선에 서 있었다. 거기에는 내비게이션 기술의 진보, 기상 조건이 나쁠 때의 비행 기술, 이착륙 시 안전성 증가, 극지방을 통과하는 혁신적인 지름길 등이 포함되어 있었다. 이 모든 것이 비즈니스를 움직이는 원동력이었다.

1960년대와 70년대에 스칸디나비아 항공은 항공기 자체의 기술적 개발 분야에서 선두를 지켰다. 이 기간에 항공기는 비약적인 발전을 보였다. 스칸디나비아 항공은 꼬리에 두 개의 엔진을 탑재한, 프랑스에서 개발한 제트기인 카라벨을 도입해 운항한 첫 번째 항공사였다. 우리의 주력 항공기로 성장한 DC-9 개발 과정에도 적극적으로 참여했다.

물론 1980년대에는 치열한 경쟁을 특징으로 하는 새로운 시장 상황이 전개되었다. 이 시기에 기술은 서비스와 고객 중심 전략에 밀려 부차적인 요소가 되었다. 우리는 다시 정상에 섰고 1983년에는 '올해의 항공사'로 선정되는 영광을 누렸다.

다시 말해 10년을 주기로 새로운 특징을 지닌 경쟁 상황이 펼쳐졌고, 스칸디나비아 항공은 그때마다 성공적으로 선두를 지켰다. 미래를 열어나가기 위해서는 단기적으로 효율성을 높여야 할 뿐 아니라 세 가지 분야(운항, 비행기, 서비스)

를 중점적으로 강화해나가야 한다. 과거에 우리를 훌륭한 항공사로 만들어주었던 그 요소들 말이다.

우리는 다음과 같이 전략을 세웠다. "스칸디나비아 항공은 자유 시장 상황에서 살아남기 위해 효율성과 기술적 측면에서 노력해야 한다." 우리는 운항과 비행기, 서비스 영역에서 품질을 굳건히 지켜내야 한다. 탄탄한 기반을 바탕으로 효율성을 높이는 데 박차를 가하고, 규제가 철폐된 경쟁 시장으로 자신 있게 걸어가야 한다.

이러한 생각을 어떻게 구체적인 표현으로 전할 수 있을까? 비즈니스 승객에 집중하는 전략은 바뀌지 않을 것이다. 이 목표를 유지하는 것에 더하여, 세 가지 새로운 개발 영역에 접근해야 한다.

첫째, 자유 경쟁 영역에서 아메리칸 항공이 그랬던 것처럼 효율성을 25퍼센트 이상 끌어올려야 한다. 천편일률적인 비용 절감으로 이 목표를 달성하지는 않을 것이다. 대신에 1981년에 그랬던 것처럼, 다시 말해 수익성을 개선하기 위한 자원으로서 비용에 접근할 것이다. 일부 비용은 삭감하고 다른 비용은 효율적으로 사용해서 수익성을 높임으로써 '더 적은 것으로 더 많은 일'을 할 것이다.

둘째, 의사소통과 정보, 예약을 위한 시스템을 구축하고 이를 기반으로 시장 전반을 확고하게 장악해야 한다. 유나

이티드와 아메리칸 항공사는 지금 앞서가는 위치를 확고히 하는 동시에 스칸디나비아 항공이 장악하고 있는 시장을 포함하여 새로운 시장을 개척하기 위한 시스템을 이미 갖추었다. 우리는 그들을 따라가거나 아니면 외부에서 예약 및 정보 시스템을 들여와야 할 것이다. 유나이티드나 아메리칸 항공사와 같은 경쟁사로부터 말이다.

셋째, 경로와 운항 횟수, 출발 시간을 관리하기 위한 경쟁력 있는 시스템을 개발해야 한다. 이를 위해 미국 항공사들의 '대도시 거점 노선 운항 시스템'hub-and-spoke을 받아들여야 할 것이다. 또한 코펜하겐 공항에 더 집중해야 할 것이다. 코펜하겐은 런던과 파리, 프랑크푸르트처럼 거점이 되는 공항이다. 사람들은 오랫동안 코펜하겐 공항을 다른 공항에 비해 덜 매력적으로 생각했지만, 앞으로의 번영을 위해 이러한 인식을 바꿔야 한다. 이를 위해 스칸디나비아 항공과 덴마크 당국은 설비 확장 및 내부 공사에 8억 달러를 투자할 계획이다.

우리의 최종 목표는 1990년까지 유럽에서 가장 효율적인 항공사가 되는 것이다. 우리는 글로벌 차원에서 경쟁력 있는 노선 네트워크를 확보할 것이다. 서비스와 품질, 안전 등 모든 분야에서 시장 리더가 될 것이다. 또한 모든 노선과 모든 규모의 비행기를 활용하여 수익성 있게 경쟁할 것이다. 다음으로 비행기를 현대화하기 위해 필요한 재무 기반을 마련할 것이다. '3P 비행기'는 앞으로 현실이 될 것이다. 우리는 규제 철폐라는 위협을 유리한 시장 지위를 확보할 수 있는 기회로 바꿀 것이다.

스칸디나비아 항공에서는 이러한 계획을 '제2의 물결'이라고 부른다. 제2의 물결이 첫 번째 물결과 다른 점은 하나다. 더 많은 인내심을 필요로 한다는 것이다. 제1의 물결에서 우리는 전반적인 시스템을 서둘러 구축하고 곧바로 시장으로 달려가 우리의 전략을 판매했다. 그러나 재앙이 닥치자 대응할 만한 전략이 없었다. 이제 우리는 좀 더 시간을 가지면서 계획을 제시하고, 모든 직원이 이를 받아들이고, 책임을 감수하도록 만들어야 한다.

우리가 여전히 올바른 전략적 궤도에 있다는 사실을 말해주는 초기 증거들이 몇몇 있다. 덴마크 비즈니스 신문인 『뵈르센』은 스칸디나비아 항공을 이미지가 가장 좋은 기업으로 선정했다. 그리고 『에어 트랜스포트 월드』는 1986년에 스칸디나비아 항공의 승객 서비스를 최고로 꼽았다. 이러한 기쁨을 직원들과 함께 나누기 위해(직원들이야말로 이러한 영광을 누릴 주인공이다) 우리는 하트 모양의 순금을 3만 명이나 되는 전 직원에게 나눠주었다. 사소한 선물이었지만 모두가 성공의 주역임을 말해주는 뚜렷한 상징이었다.

어떤 이들은 스칸디나비아 항공의 미래가 DC-9 대신에 보잉 737을 사거나 HP 컴퓨터 대신에 IBM을 사는 것에 달려 있다고 생각하는 듯하다. 그러나 장기적인 성공을 위해서는 모든 구성원의 완전한 지지를 비롯해 효율성이라는 목표를 향해 달려나갈 직원들의 의지가 필요하다. 그래서 우리는 스터디 모임이나 그룹, 토론과 같은 프로그램을 통해 스칸디나비아 항공의 모든 직원을 교육하고 그들에게 정보를 제공하기 위해 1천만 달러를 투자하고 있다.

자유 경쟁이 유럽 항공 산업에는 타격을 미치지 않을 것이라고 말하는 사람들이 많다. 그들은 나를 이렇게 비난한다. "당신은 '늑대'를 외치고 있지만 그건 직원들을 착취하기 위한 것이다."

나는 그들에게 이렇게 말한다. 경쟁이 지금과 같은 수준에 머물러 있다면 우리는 특별한 노력 없이도 대처할 수 있다. 그러나 지금 효율성을 높인다면 예측할 수 없는 미래에는 더욱 강해질 것이다.

시장이 제한적으로 개방되었을 때 아무런 준비가 되어 있지 않다면, 분명 문제에 봉착할 것이다. 하지만 지금 한걸음 더 나간다면, 나중에 시장을 따라잡기 위해 위험한 게임을 벌이지 않아도 될 것이다.

게다가 스칸디나비아 항공이 다른 항공사보다 더 효율

적이라면 정부 당국은 시장을 개방할 이유가 없을 것이다.

누구도 우리가 자유 경쟁에 직면하게 될지 알지 못한다. 하지만 결론은 간단하다. 내일의 거친 경쟁을 위해 오늘 준비하는 자만이 승리할 수 있다. 우리의 운명을 운에만 맡기지는 않을 것이다. 어떤 상황이 펼쳐지든 간에 우리는 스스로 미래를 결정할 것이다.

어떤 이들은 목표 설정을 향한 우리의 열정을 일종의 히스테리 같은 것이라고 비난하지만, 나는 그렇게 생각하지 않는다. 더 큰 목표를 세워야 일상적인 수준을 넘어 더 멀리 바라볼 수 있다. 사람들은 일과 삶에서 도전을 원한다. 스칸디나비아 항공에서 그랬던 것처럼 우리는 큰 목표를 세움으로써 직원들을 더 행복하게 하고, 고객에게 더 나은 서비스를 제공할 것이다.

나는 비즈니스를 운영하는 특별한 접근 방식을 발견했다고 주장하지 않는다. 많은 기업의 리더가 비즈니스 환경을 파악하고 기업의 목표와 전략, 조직 구조를 환경에 따라 정렬하는 것이 중요함을 잘 알고 있다. 그들은 야심차게 목표를 세우고 목표를 달성하기 위한 수단으로 분산화를 이야기한다.

실제로 많은 리더가 조직을 평평하게 만들었다고 믿고 직원들에게 이렇게 말한다. "여러분들은 이제 독립적으로 의사 결정을 내릴 수 있습니다." 하지만 나는 그들이 정말로 실질적인 책임과 권한을 직원들에게 넘겼는지 묻고 싶다. 모든 직원이 공통된 하나의 목표를 선택하고 전달할 때까지 리더는 중앙 통제 방식에서 벗어나지 못한다. 직원들은 크건 작건 간에 여전히 상사가 나서서 문제를 해결해주기를 바란다. 그들은 무엇이 옳고 그른지 확신하지 못한다. 목표와 목표를 달성하기 위한 전략을 함께 공유하지 못했기 때문이다. 독립적인 의사 결정을 위한 기반이 마련되지 않은 상태에서 권한을 분산하는 것은 아무런 의미가 없다.

실질적인 책임과 권한으로 직원들에게 힘을 실어주기 위해서는 완전히 다른 조직 구조가 필요하다. 이 조직 구조의 모형은 수평적이며, 여기서 역할 분담은 세 가지 계층을 기준으로 이루어진다.

첫 번째 계층은 기업을 미래로 이끌고, 현재 비즈니스에 관한 위협을 인식하고, 새로운 기회를 모색하는 책임을 맡는다. 이 계층에 있는 사람들은 목표를 세우고, 이를 달성하기 위한 전략을 수립한다. 물론 이들은 구체적인 활동이 아니라 의사 결정에 주목해야 한다.

두 번째 계층은 돈을 투자하거나 직원을 채용함으로써 기업의 자원를 배분하고 계획을 세운다. 다시 말해, 현장에서 일하는 직원들로 하여금 경영진이 세운 전략을 실행하도록 만드는 모든 일을 한다. 즉, 직원들이 의사 결정을 내리기 위한 기반을 마련한다.

세 번째 계층은 우리가 말하는 현장 직원, 즉 업무 현장에서 일하는 사람들이다. 여기서 모든 구체적인 의사 결정이 이루어진다. 경영진의 목표와 전략에 따라 조직을 운영하기 위해 필요한 모든 의사 결정이다.

당신은 어쩌면 내가 여기서 제시하는 관점이 쉽고 단순하다고 느낄 것이다. 분산화가 이렇게 간단한 이야기였나? 그렇다. 모든 것이 논리적으로 이어져 있기 때문이다. 오직 고객만이 우리에게 비용을 지불함으로써 수익을 가능하게 해준다. 그러므로 우리는 고객의 입장에서 모든 비즈니스 계획을 수립해야 한다. 그렇다면 고객이 무엇을 원하는지 누가 가장 잘 알겠는가? 물론 시장과 가장 가까운 현장에서 일하는 직원들이다. 결론적으로 상품을 개발하는 방식에 가장 큰 영향을 미치는 사람은 바로 이들이다. 그러므로 가장 많은 책임과 권한을 현장 직원에게 부여해야 한다.

많은 이가 이러한 철학에 엄청난 잠재력이 있다는 데 동의한다. 그런데 왜 이러한 생각을 실행에 옮긴 사례는 찾아보기 힘들까? 사실 이러한 생각은 대단히 야심차고 때로는 까다로운 접근 방식이라서 업무를 분장하는 기존 관점과 상충한다. 이러한 생각을 실행에 옮기기 위해서는 엄청난 끈기와 인내, 무엇보다 현실을 직시하는 용기가 필요하다. 다행스럽게도 현장 직원과 시장은 우리가 궤도를 벗어나지 않도록 만들어주는 신뢰할 만한 지침이다.

스칸디나비아 항공에서 우리는 피라미드를 허물고 목표에 충실하기 위해 열심히 노력했다. 그 결과(건전한 재무 상태를 넘어선)는 놀라웠다. 이제 우리는 더 나은 미래를 계속 준비하고 있다.

인적 자원에 대한 나의 의견에 공감하는 경영자라면 모든 직원에게 기업의 전반적인 비전을 이해할 기회를 주어야 함을 알 것이다. 그래야만 직원들이 적극적으로 동참해서 잠재력을 실현할 것이다. 직원들은 전체 목표 아래에서 자신이 맡은 부분에 대해 완전한 책임을 떠안을 것이고, 경영진은 열정적인 직원들이 뿜어내는 강력한 에너지를 느낄 수 있을 것이다.

화강암을 잘라내는 두 석공에 관한 이야기만큼 내 경험을 잘 요약해주는 이야기는 없을 듯하다. 채석장을 방문한 한 사람이 석공들에게 무엇을 하고 있는지 물었다.

표정이 안 좋아 보이는 첫 번째 석공이 이렇게 툴툴거리며 답했다. "이 망할 돌을 잘라서 벽돌을 만들고 있소."

반면 즐거워 보이는 두 번째 석공은 자랑스러워하는 표정으로 이렇게 말했다. "저는 지금 성당을 짓고 있습니다."

성당 전체를 떠올리고 그 안에서 자신의 역할을 발견한 석공은 눈앞에 놓인 대리석만 보는 석공보다 훨씬 더 생산적이고 충만하다. 진정한 리더란 성당을 설계하고 그 비전을 공유함으로써 다른 이들이 건축 과정에 열정적으로 참여하도록 영감을 주는 사람이다.

MOT 진실의 순간 15초

1판 1쇄 발행: 2023년 7월 25일

발행인 박명곤 **CEO** 박지성 **CFO** 김영은
기획편집 채대광, 김준원, 박일귀, 이승미, 이은빈, 강민형, 이지은, 성도원
디자인 구경표, 임지선
마케팅 임우열, 김은지, 이호, 최고은
펴낸곳 (주)현대지성
출판등록 제406-2014-000124호
전화 070-7791-2136 **팩스** 0303-3444-2136
주소 서울시 강서구 마곡중앙6로 40, 장흥빌딩 10층
홈페이지 www.hdjisung.com **이메일** main@hdjisung.com
제작처 영신사

© 현대지성 2023

> **"Inspiring Contents"**
> 현대지성은 여러분의 의견 하나하나를 소중히 받고 있습니다.
> 원고 투고, 오탈자 제보, 제휴 제안은 main@hdjisung.com으로 보내 주세요.